Who Loves Christ?

Authored by
Saeid Farnezhad

۲۰۹

Title: Who Loves Christ? (Persian Edition)
Author: Saeid Farnezhad
ISBN: 978-1939123534
LCCN: 2016917855
Publisher: Supreme Century, Reseda, CA, USA

2016 © Saeid Farnezhad

Prepare for publishing by **ASANASHR**.com

چه کسی مسیح را دوست دارد؟

سعید فرنژاد

آماده شده برای نشر توسط آسان نشر
www.asanashr.com

عنوان: چه کسی مسیح را دوست دارد؟

نویسنده: سعید فرنژاد

ناشر: سوپریم سنچوری (قرن برتر)، آمریکا

شابک: ۹۷۸-۱۹۳۹۱۲۳۵۳۴

شماره کنترلی کتابخانه کنگره: ۲۰۱۶۹۱۷۸۵۵

All Rights Resever ©2016

کلیه حقوق مادی و معنوی برای نویسنده محفوظ است

مقدمه

بعضی روزها هستند که هر هزارسال یک بار اتفاق می افتند و هر انسانی نمی تواند شانس دیدن آن را داشته باشد. مثل روزهای مقدس و روزهایی که معجزات الهی رخ می دهند. شاید مهم نباشد که این معجزات کی و کجا اتفاق می افتند و یا اینکه قصه اند و یا واقعیت دارند، اما مهم این است که برای ما بسیار سرنوشت ساز هستند و می توانند زندگی ما را به چالش بکشانند و درستی اعمال مان را به بوته آزمایش بگذارند. درست مانند همین داستان که می خواهید بخوانید، با نام **«چه کسی مسیح را دوست دارد؟»**

همانطور که از نام این داستان بر می آید این قصه می خواهد بگوید که چه کسانی در راه مسیح قدم برمی دارند و واقعاً مسیح را دوست دارند. زیرا به عقیده ی نویسنده، قاتلان مسیح فقط آنهایی نیستند که حدود دوهزار سال پیش او را به صلیب کشیده اند، بلکه کسانی هم که در کارهای روزانه شان اعمال زشت و ظالمانه انجام می دهند، در حقیقت با کارهایشان هر روز به مسیح ظلم می کنند.

اصلاً خلاصه بگویم، آیا به این فکر کرده اید که اگر در همین زمانی که ما زندگی می کنیم معجزه ای رخ دهد و مسیح دوباره ظهور کند، آنوقت با مسیح همراه خواهید شد یا در مقابل او و افکارش خواهید ایستاد؟

جواب این سؤال با قلب شماست. اما اگر می خواهید خودتان را محک بزنید مانند من با این داستان همراه شوید تا شاید با یکی از شخصیت های داستان هم ذات پنداری کرده و جواب سؤالتان را زودتر پیدا کنید.

به نام خدا

نام مسیح برای جسی معنای خاصی داشت. از زمانی که به یاد می آورد و کودکی بیش نبود، شبها هنگام خواب، مادرش کنار تختش می نشست و برایش قصه می گفت و بیشتر شبها هم قصه هایی از زندگی مسیح را برایش تعریف می کرد. البته نه اینکه به صورت اجبار، بلکه جسی خودش این قصه ها را بیشتر از بقیه ی قصه های مادرش دوست داشت و به اصرار او مادرش مجبور بود که این داستانها را بارها و بارها برایش تکرار کند.

در عالم کودکی جسی، این قصه ها برایش معناهای زیبایی داشتند. از یک سو این قصه ها پر بودن از معجزات اسرارآمیز و پر بودند از عشق و محبت که برای جسی بسیار جذاب بودند و از سوی دیگر مادرش این قصه ها را به صورت دنباله دار و طولانی تعریف می کرد و قصه تا شبهای زیادی به طول می کشید و جسی هم در شبهای بعد بی صبرانه منتظر شنیدن بقیه ی داستان، لحظه شماری می کرد. کم کم قصه های مسیح روح جسی را تسخیر کردند و در دل و جان او جای گرفتند.

او در کنار پدر و مادرش زندگی خوبی داشت و کودک خوشحالی بود. البته جسی دختر واقعیه آنها نبود. آقا و خانم **اندرسون** نمی توانستند بچه دار شوند و چون هر دوی آنها مسن شده بودند، تصمیم گرفتند که کودکی را به فرزندی قبول کنند. سرانجام بعد از چند وقت از طرف پرورشگاه کودکی به آنها دادند و آنها نام او را جسی نهادند. جسی زمانی که به خانه ی جدیدش آمد کودک چند ماه ای بیش نبود. آقا و خانم اندرسون همه ی محبت شان را نثار جسی می کردند، طوریکه جسی فکر نمی کرد که آنها پدر و مادر واقعیه او نیستند.

1

جسی کم کم بزرگ می شد و آنها در کنار هم روزگار خوشی را می گذراندند. اما حیف که زندگی همیشه به میل انسان پیش نمی رود و زمانی که جسی نه سال بیشتر نداشت، مادرش را از دست داد. غم از دست دادن مادر او را بسیار آزار می داد و تنها دلخوشیش این بود که پدرش شبها همان قصه های مادرش را برایش تعریف کند تا او به خواب برود. شاید دلیل اینکه جسی از پدرش می خواست که داستانهای مسیح را برایش تکرار کند این بود که شنیدن این قصه ها یاد و خاطره ی مادرش را برایش زنده می کرد.

بازگو کردن قصه های مسیح و خواندن انجیل برای پدر جسی نه نتها کار خسته کننده نبود بلکه او به این کار علاقه هم داشت. او یک مسیحی معتقد بود و دوست داشت دخترش هم با چنین عقایدی بزرگ شود. پدر جسی ، پروفسور اندرسون ، یک دانشمند و محقق علم ژنتیک بود و بر روی DNA موجودات و انسانها کار و تحقیق می کرد. او از ابتدای جوانی بر روی یک پروژه ی بسیار محرمانه و جدید و کمی هم غیر عادی کار می کرد. پروژه ی پرفسور به این خاطر محرمانه و غیر عادی بود چون که آنها بر روی DNA موجودات مرده کار می کردند. حتی آنها پا را فراتر گذاشته و بر روی بازمانده ی مردگان در خاک، تحقیق می کردند.

هدف پروژه این بود که آنها از خاک یا بازمانده ی مردگان DNA آنها را استخراج کرده و آنها را به زندگی بازگردانند. این آرزوی بزرگ پروفسور بود که نه همه ی انسانها را، بلکه انسانهای بزرگ تاریخ را به زندگی بازگرداند.

وقتی مادر جسی زنده بود پروفسور در خانه برایش از کارهای روزانه اش تعریف می کرد و در این میان بعضی وقتها جسی به صورت ناخواسته

چیزهایی را از حرفهای آنها می شنید، اما می دانست که پروژه ی پدرش محرمانه است و او نباید درباره ی آن زیاد کنجکاوی کند.

پروفسور بعد از مرگ همسرش خیلی ساکت شده بود و حتی پیرتر از سنش هم به نظر می رسید. شاید هم به این دلیل بود که دیگر کسی را در خانه نداشت تا درباره ی کارش با او صحبت کند. جسی این مطلب را به خوبی درک کرده بود به همین دلیل او سعی می کرد با پرسشهای مختلف پروفسور را وادار به حرف زدن کند. تا این که یک روز به صورت ناخواسته حرفهایی درباره پروژه ی محرمانه زد و نشان داد که چیزهایی درباره ی آن می داند. در ابتدا پدرش از دست او خیلی ناراحت شد چون فکر می کرد که او به صورت مخفیانه به حرفهای او و مادرش گوش می داده است. اما وقتی فهمید که این چیزها را به صورت خیلی اتفاقی شنیده، از تقصیر او گذشت. ولی موضوع به همین جا ختم نشد چون از آن روز به بعد جسی کنجکاو، سؤالهای بیشتری درباه ی پروژه می پرسید و پروفسور کم کم مجبور شد به سؤالهای او پاسخ بدهد. به این ترتیب بعضی شبها پروفسور به جای گفتن داستان برای جسی از وضعیت کار و پروژه اش با او صحبت می کرد. او از دغدغه هایش برای جسی می گفت که یکی از آنها کامل کردن مراحل آزمایش و دیگری پیدا کردن یک سرمایه گذار مطمئن بود و به این صورت جسی محرم اسرار پدرش شد.

ماهها و سالها گذشتند و جسی به سن هجده سالگی رسید. جسی بزرگ شده بود و مدتها بود که پرفسور هنگام خواب به اتاق او نمی آمد تا برایش قصه بگوید و بیشتر در اتاق نشیمن با هم صحبت می کردند. اما آن شب موقع خواب پروفسور به اتاق جسی آمد و مثل گذشته ها که برایش قصه می گفت، کنار تخت او نشست. جسی که متعجب شده بود، کمی در جایش نیم خیز شد و با حالت ذوق زده ای گفت:

- چی شده پدر؟! ... می خواید برام قصه بگید؟!

چهره ی پروفسور بشاش و خوشحال به نظر می رسید. او با لبخندی گفت:

- نه دخترم، فقط می خواستم بگم، بالاخره مراحل آزمایش و کامل کردم و یک سرمایه گذار برای پروژه پیدا شده.

جسی در جایش نشست و با خوشحالی گفت:

- اوه، پدر ... خیلی خوشحالم کردید.

پروفسور با لبخندی ادامه داد:

- اون سرمایه گذار می خواد یه آزمایشگاه مجهز و تعداد زیادی نیروی انسانی متخصص در اختیارم قرار بده.

جسی با حالت ذوق زده ای گفت:

- بالاخره می تونید حاصل سالها کار و تحقیق های شبانه روزی تونو ببینید و به رویاء هاتون جامع عمل بپوشونید.

پروفسور هم با خوشحالی جواب داد:

- بله، دخترم ... شاید بالاخره بتونم به رویاء هام دست پیدا کنم ... و انسانهای بزرگ تاریخ رو به زندگی برگردونم.

جسی با کمی تفکر از پدرش پرسید:

- پدر، اگه شما یه روزی موفق بشید و بتونید آدمهای گذشته رو به زندگی برگردونید، اولین کسی رو که به زندگی برمی گردونید، کیه؟

پروفسور کمی مکث کرد و با لبخندی کم رنگ گفت:

- البته حالا زوده که در اینباره صحبت کنیم، پروژه ی ما در حد یه طرحه و ما راه طولانی در پیش داریم. اما ... من می خواستم همین سؤال رو یه جور دیگه ای از تو بپرسم ... اگه یه روز ما موفق بشیم، و من فقط بتونم یک نفر رو به زندگی برگردونم، تو دوست داری اون یک نفر یا اولین شخص، کی باشه که ما به زندگی برمی گردونیم؟

جسی کمی فکر کرد و با لبخند ملیحی گفت:

- اگه من بگم، اونوقت شما قول می دید که اولین شخص همونی باشه که من می گم؟

پروفسور دستش را کمی بالا گرفت و گفت:

- قول می دم، دخترم.

البته پروفسور فکر می کرد که جسی نام مادرش را به زبان خواهد آورد. چون می دانست که او دلش برای مادرش خیلی تنگ شده است. ولی در کمال تعجب دید که جسی با کمی مکث گفت:

- مسیح، پدر ... من دوست دارم مسیح اولین کسی باشه که به زندگی برمی گرده و من بتونم ببینمش.

پروفسور درحالیکه ناباورانه و متعجب به جسی نگاه می کرد، پرسید:

- مسیح؟! ...

جسی سرش را به علامت مثبت تکان داد. پرفسور ادامه داد:

- دخترم، پس مادرت چی؟! ... تو دلت برای مامانت تنگ نشده؟!

جسی با لحنی که کمی بغض در آن دیده می شد، گفت:

- چرا ... دلم برای مامان خیلی تنگ شده ... اما این اختراع شما فقط مربوط به من و شما نیست و هدف شما هم بازگردوندن آدمهای بزرگ تاریخ ... من، من فکر می کنم مسیح بزرگترین انسان تاریخِ و تنها کسی که مردم دنیا دوستش دارند و بهش احتیاج دارند ...

پروفسور مات و مبهوت به جسی نگاه می کرد و از اینکه می دید دخترش چنین آرزویی دارد، متعجب مانده بود. اما از سوی دیگر عمل به این خواسته ی جسی کار بسیار مشکلی بود و پیرمرد نمی خواست به دخترش قول بیخودی بدهد. به همین جهت به او گفت:

- دخترم، خواسته ی تو کار بسیار دشواریه ... ما برای بازگردوندن یک نفر، به DNA اون شخص احتیاج داریم. یا حداقل به جایی که خاکش کردن احتیاج داریم تا از خاکش DNA اونو استخراج کنیم ... می دونی که دخترم، مسیح نمرده و ایشونو خاک نکردن ... پس ما چطور می تونیم مسیح رو برگردونیم.

جسی خیلی سریع جواب داد:

- درسته که مسیح نمرده و خاکش نکردن، اما اونو به صلیب کشیدن ... همون جایی که مسیح رو به صلیب کشیدن مقدار زیادی از خونش ریخته شده ... و مطمئناً

موقعی که ایشون رو به صلیب میخکوب می کردند، مقداری از گوشت و پوست ایشون هم، همون جا افتاده ... این برای شما کافی نیست؟

پرفسور کمی به فکر فرو رفت او در حالیکه عینکش را بر صورتش جابجا می کرد، سرش را به علامت منفی تکان داد و گفت:

- کار خیلی سختیه! این کار نیاز به تحقیقات و نیاز به نیروی انسانی زیادی داره. تازه پول زیادی هم می خواد. از طرفی دیگه، تازه ما باید موافقت سرمایه گذار رو هم جلب کنیم.

جسی درحالیکه در تخت جابجا می شد، با اشتیاق گفت:

- اگه شما بخواید، می شه. سرمایه گذارتون باید برای سرمایه گذاری در این طرح به خودش افتخار کنه ... تازه اگه اون قبول نکرد، میتونید با یه سرمایه گذار دیگه کار کنید.

پرفسور به فکر فرو رفت. جسی بعد از چند لحظه گفت:

- پدر می دونم سخته ولی ارزشش رو داره ... تصور کنید، تصور کنید که شما بتونید مسیح رو به دنیا برگردونید، می دونید چی می شه؟!

انگار حرفهای جسی بر پرفسور تأثیر گذاشته بود. چون درحالیکه متفکرانه با خودش فکر می کرد، سرش را تکان داد و گفت:

- نمی دونم، شاید هم تو درست می گی دخترم ... ما که داریم این زحمت رو می کشیم پس چرا این زحمت رو برای مسیح نکشیم؟ ...

پروفسور درحالیکه دستان جسی را در دستانش می گرفت، با اشتیاق ادامه داد:

- ... بهت قول صد در صد نمی دم دخترم، اما اگه بتونم سرمایه گذار رو راضی کنم. حتماً اولین کسی رو که سعی می کنیم برگردونیم، مسیحه ... همه ی سعی مو می کنم، دخترم.

جسی خودش را در آغوش پدرش انداخت و درحالیکه سرش را بر شانه ی او می گذاشت با چشمانی که از شوق اشک آلود بود، گفت:

- می دونم پدر ... می دونم که شما همه ی سعی تو می کنی ... من به شما ایمان دارم.

پرفسور با مهربانی دستی بر سر جسی کشید و با بغض گفت:

- فقط برام دعا کن، دخترم ... تا خدا در این راه کمک مون کنه.

جسی با همان حالت گریانش گفت:

- من مطمئنم که خدا کمک تون می کنه ... و کارها خیلی زود درست می شه ... من مطمئنم.

شاید جسی درست می گفت، چون طولی نکشید که سرمایه گذار پروفسور با طرح او موافقت کرد. نام سرمایه گذار پروژه ی پرفسور **" چارلز کولبی "** بود. او صاحب چندین شرکت بزرگ نفتی و تجاری بود و علاوه بر آن چند کارخانه ی اسلحه سازی داشت. بجز اینها او در سیاست هم آدم با نفوذی به حساب می آمد. حالا چرا از پروژه ی پرفسور خوشش آمده بود و می خواست بر روی آن سرمایه گذاری کند! خدا می دانست. به هر ترتیب چارلز یک منطقه ی بیابانی دور افتاده را انتخاب

کرد و در آنجا آزمایشگاه بزرگ و مجهز برای پروفسور احداث کرد. بهانه ی چارلز برای انتخاب این منطقه، محرمانه و مخفی ماندن پروژه بود. وقتی آزمایشگاه کامل شد با پیشنهاد چارلز نام پروفسور را بر آزمایشگاه نهادند. او همچنین تعداد زیادی افراد متخصص هم در اختیار پروفسور قرار داد و حتی به پروفسور اختیار تام داد تا آزمایش هایش را هر طور که می خواهد و بر روی خاک هر کسی که می خواهد انجام دهد. فقط به این شرط که خود او هم در جریان همه ی کارها قرار بگیرد.

پروفسور خیلی سریع یک گروه از افرادش را مأمور کرد تا جای دقیق به صلیب کشیده شدن مسیح را پیدا کنند. آنها از روی شواهد تاریخی و روایتهایی که در دست بود و به کمک باستانشناسها، تحقیقات را آغاز کردند. سرانجام بعد از هفته ها کار طاقت فرسا توانستند جای به صلیب کشیده شدن مسیح را پیدا کنند. پروفسور و گروهش آن شب را جشن گرفتند و از فردا کار اصلی گروه شروع شد. آنها باید در خاک آن منطقه DNA مسیح را پیدا می کردند. شور و شوق گروه در ابتدا خیلی زیاد بود اما با گذشت ماهها و پیدا نشدن DNA امید گروه کم رنگ و کم رنگ تر می شد. با این حال پروفسور امیدش را از دست نداده بود و با جدیت تمام به کار ادامه می داد. اما انگار بخت با پروفسور یار نبود چون کم کم روزها به ماه و ماهها به سالها تبدیل شدند و اثری از DNA مسیح یافت نشد. گروه پروفسورکاملاً مأیوس شده بودند اما او دستور توقف کار را نمی داد. البته پروفسور در این سالها بیکار نبود و او بالاخره توانست دستگاه حرکت معکوسش را در آزمایشگاه تکمیل کند. این دستگاه شرایطی را فراهم می آورد که DNA یک انسان می توانست در زمان کوتاهی بدن آن انسان را از نو بسازد. اما کار زیاد پروفسور را خسته و ناتوان کرده بود و بعد از مدتی به خاطر کهولت سن و بیماری مجبور شد مدتی را دور از آزمایشگاه و در بیمارستان بگذراند. بعد از مدتی که

پروفسور در بیمارستان بود، دستیارانش به او خبر خوشحال کننده ای، دادند. خبر حاکی از این بود که آنها موفق شده اند در قسمتی از خاک محل مورد نظر، اثرات DNA مسیح را بیابند. آنها خاک را به آزمایشگاه انتقال داده بودند و آزمایشهای تکمیلی نشان می داد که نظر آنها درست است و DNA متعلق به مسیح است. البته خبر برای پروفسور کمی گیج کننده بود، چون آنها از روز یافتن DNA تا انجام آزمایشهای تکمیلی پروفسور را در جریان قرار نداده بودند. با این حال این خبر اینقدر برای پروفسور خوشحال کننده بود که با وجود اینکه بیماریش بهبود کامل نیافته بود، بیمارستان را ترک کرد. او به محلی رفت که دستیارانش در آنجا مشغول کار بودند، همان تپه ای که فکر می کردند مسیح در آنجا به صلیب کشیده شده است. پروفسور خودش شخصاً مقداری از خاک آنجا را جمع آوری کرد و آن را به آزمایشگاه آورد. این کار پروفسور دلیل مهمی داشت، چون آنها برای بازگرداندن یک نفر علاوه بر DNA او، به خاک او هم احتیاج داشتند.

وقتی پروفسور به آزمایشگاه برگشت، ظاهراً همه چیز در آنجا درست بود و همه ی مستنداتی که به پروفسور نشان می دادند، حاکی از آن بود که موفق شده اند. حالا باید این DNA را آماده و احیاء می کردند. پروفسور و همکارانش دست به کار شدند و سرانجام بعد از چند هفته کار شبانه روزی آنها توانستند DNA را احیاء کنند. آزمایشات اولیه کاملاً موفقیت آمیز نشان می داد و حالا DNA مسیح آماده بود تا در دستگاه حرکت معکوس قرار بگیرد.

از شبی که پروفسور به جسی قول داده بود که مسیح را به این زمان بازگرداند، هفت سال می گذشت. حالا جسی بیست و پنج سال داشت و برای خودش دختر برازنده ای شده بود. او در دانشگاه مشغول تحصیل بود، اما هر وقت که می توانست سری به پروفسور میزد و تا جایی ممکن

به او کمک می کرد. او دوست داشت بیشتر در کنار پدرش باشد و بیشتر به او کمک کند اما مجبور بود برای ادامه ی تحصیل دور از پروفسور زندگی کند.

پروفسور روز گذشته به او اطلاع داده بود که خودش را به آزمایشگاه برساند چون امروز می خواستند DNA را در دستگاه قرار بدهند و آزمایش نهایی انجام می شد. متأسفانه آزمایشگاه در منطقه ای بیابانی بود که فرودگاهی در نزدیکیش نبود و جسی برای رسیدن به آنجا مجبور شد تمام شب را رانندگی کند. در طول مسیر موتور اتومبیلش خراب کار می کرد و سروصداهای عجیبی می داد اما به هر ترتیبی بود او قبل از طلوع خورشید به نزدیک های آزمایشگاه رسید. صبحدم بود و هوا خیلی خوب به نظر می آمد و جسی دلش نیامد که از این هوا استفاده نکند. به همین جهت صد متری مانده به آزمایشگاه و بر روی یک تپه، اتومبیلش را متوقف کرد و پیاده شد تا از مناظر اطراف و از هوا لذت ببرد. امروز برای جسی و پدرش روز بزرگی بود و او احساس می کرد که حال عجیبی دارد. با اینکه بارها به اینجا آمده بود اما انگار امروز آنجا برایش تازگی داشت. به نظرش بیابان هم مانند او حال عجیبی داشت. سکوتی معنادار و دلنشین بر همه جا حکم فرما بود و تاریکی به آرامی می رفت تا دامنش را از روی بیابان جمع کند و جایش را به نور صبحگاهی بدهد. نسیم درحالیکه به پهنه ی بیابان می وزید از میان بوته های خار عبور می کرد و هوا را خنک و مطبوع تر می ساخت. خنکی نسیم به صورت جسی می خورد و به او احساس طراوت و سرزندگی می داد. جسی چند نفس عمیق کشید و نگاه دقیق تری به اطراف انداخت. ساختمان آزمایشگاه پروفسور اندرسون در وسط یک بیابان برهوت بود و در روبرویش یک سوله ی بزرگ قرار داشت. یک جاده ی آسفالته، مانند ماری سیاه رنگ در بیابان دیده می شد که از کنار ساختمان آزمایشگاه

و سوله می گذشت و آنها را از هم جدا می کرد. تنها چیز تازه ای که جسی دید، جاده ی خاکی بود که از پشت سوله می گذشت و به سمت دیگر بیابان می رفت. جسی تا به حال این جاده ی خاکی را ندیده بود و کمی دقیق تر به آن نگاه کرد. بعد با خودش گفت، شاید این جاده ی خاکی بوده و او به آن توجه نکرده است. به هر ترتیب بعد از چند لحظه که خستگی اش درآمد سوار اتومبیلش شد و به سمت آزمایشگاه رفت. جسی به صورت ناخواسته ای با دقت به اطراف نگاه می کرد. فضای بیابان زیبا و اسرارآمیز و کمی مرموز به نظر می رسید. انگار جسی به دنبال چیزی می گشت و یا چیزهایی که در اطرافش می دید، برایش تازگی داشتند. حسی مبهم او را وادار می کرد که به دنبال دیدن چیزی باشد. اما نتوانست در مسیرش چیز خاصی را ببیند. سرانجام او به آرامی به پارکینگ آزمایشگاه رسید و از نگهبانی عبور کرد. سپس اتومبیلش را در کناری پارک کرد و داخل ساختمان آزمایشگاه رفت.

شاید چیزی که جسی به دنبالش بود و نتوانست آن را ببیند، دور از چشم او و در پشت سوله قرار داشت. آن چیز غیر معمول یک کپه ی خاک بود. کپه ی خاکی که پشت سوله و در کنار جاده ی خاکی ریخته شده بود و بسیار جلب توجه می کرد. آن کپه ی خاک، کمی قرمز رنگ به نظر می آمد و رنگش با خاک های اطراف جاده تفاوت داشت. جالب تر این بود که بر روی این کپه ی خاک چند گل سفید کوچک روییده بود که در آن بیابان برهوت بسیار به چشم می آمدند و خودنمایی می کردند. در آن زمان پرتوهای نور خورشید به آرامی بر سطح بیابان گسترده شدند و نور کم کم به گلهای سفید رسید. در همین لحظه، نسیمی آرام در میان گلها چرخید و درحالیکه آنها را نوازش می داد، بوی عطر آنها را در اطراف پخش کرد. انگار بویی از بهشت می آمد، بویی از ملکوت.

همزمان صدایی آسمانی، مانند صدای دسته کُرکلیسا، فضای بیابان را پر کرد:

- آها .... ها ها .... ها ا ا ا ا.........

فضای بیابان کاملاً روحانی شده بود. آرامش خاصی همه جا را در بر گرفته بود که ناگهان صدای مهیب چند کامیون این فضا را بر هم زد. در جاده ی خاکی و کمی دورتر، کامیون های چادردار درحالیکه گردوغبار در پشت سرشان درست می کردند، به سمت سوله می آمدند. درهای پشت سوله باز شدند. مشخص بود که کامیون ها می خواهند داخل سوله بروند. کامیون ها نزدیک و نزدیک تر می شدند و صدای شان بیشتر و بیشتر می شد، اما قبل از اینکه وارد سوله شوند، کامیون اولی از روی گلهای سفید رد شد و آنها را له کرد. چرخ های کامیون های بعدی هم از روی گلهای له شده عبور کردند. کامیون ها از درب پشتی وارد سوله شدند و کنار هم ایستادند. سپس درب سوله بسته شد.

در داخل سوله پر بود از تانک ها و نفربرهای جنگی آماده به رزم که به صورت دایره وار، دور تا دور سوله پارک شده بودند. چادرهای پشت کامیون ها بالا زده شد و مردانی با لباسهای نظامی از کامیون ها بیرون پریدند. فرمانده ی آنها فریاد می کشید و از آنها می خواست که سریعتر به صف شوند. خیلی زود مردان نظامی در چند صف و پشت سرهم، مرتب شدند و درحالیکه با فرمان فرمانده شان خبردار می ایستادند، پوتین هایشان را به هم زدند و پا جفت کردند. گویی قرار بود نبردی سهمگین رخ دهد و آنها آماده نبرد با دشمن هستند.

اما در بیرون سوله همه چیز آرام به نظر می آمد. گلبرگ های سفید له شده، بر روی زمین پخش شده بودند که دوباره نسیمی آرام وزیدن گرفت و گلبرگ ها را به صورت اسرار آمیز و مرتبی به هوا بلند کرد.

همزمان صدایی آسمانی مانند صدای دسته کُرکلیسا، فضا را پر کرد. گلبرگ ها همراه با نسیم در آسمان می رقصیدند و به سوی آزمایشگاه می رفتند. به نظر می آمد در آزمایشگاه معجزه ای شگفت در حال رخ دادن است که آنها شادان و رقصان به آن سمت می روند.

با اینکه در بیرون آزمایشگاه همه چیز ظاهراً ساکت و آرام به نظر می آمد، اما در داخل آزمایشگاه همه در تکاپو و جنب و جوش بودند. در داخل اتاق بزرگ کنترل، یک مانیتور بزرگ و چندین مانیتور کوچک دیده می شد. در پایین مانیتورها تعداد زیادی صفحه کلید قرار داشت که اطراف آنها چراغ های چشمک زن در حال روشن و خاموش شدن، بودند. در تصویر مانیتور بزرگ مقداری خاک، که ظاهراً خاک مسیح بود، برروی یک میز دیده می شد. پروفسور اندرسون که گذشت زمان و کهولت سن موهایش را سفید کرده بود، درحالیکه عینک به چشم داشت، جلوی مانیتور بزرگ ایستاده بود و متفکرانه به تصویر آن نگاه می کرد. اما انگار چهره اش ناراحت و نگران به نظر می رسید.

سه دستیار اصلی پروفسور: " **دکتر فورد** "، " **دکتر موریسون** " و " **دکتر فرانکی** " در پشت دستگاه های کنترل نشسته و با هیجان خاصی مشغول کار بودند. حدود ده نفر دیگر هم در کنار دستگاههای فرعی مشغول کار بودند. در این میان بعضی افراد وارد اتاق می شدند و کاغذهایی را به دستیاران پروفسور می دادند و بعد خارج می شدند. سرمایه گذار پروژه، چارلز کولبی هم در آنجا حضور داشت. او کمی عقب تر برروی مبلی لم داده بود و یک سیگار برگ خاموش در دستش دیده می شد که مرتب آن را بر لبانش می گذاشت و برمی داشت. محافظ مخصوص او ، " **اریکسون** " ، به همراه چند محافظ دیگر در اطرافش ایستاده بودند.

خوشبختانه جسی برای دیدن آزمایش به موقع خودش را به اتاق کنترل رسانده بود. او در حالیکه کتاب انجیلی در دست داشت در گوشه ای ایستاده بود و به آرامی از روی کتاب دعا می خواند. بعد از چند لحظه جسی سرش را از روی کتاب مقدس بلند کرد و چشمش به پدرش افتاد. او خیلی زود متوجه شد که رفتار پدرش غیر عادیست و نگران به نظر می رسد.

شاید جسی دلیل این نگرانی را می دانست. او می دانست که پدرش سالها برای این پروژه زحمت کشیده است و به نظرش طبیعی بود که در چنین لحظه ای نگران باشد. جسی پدرش را بی نهایت دوست داشت و نمی خواست او را در چنین حالی ببیند. پس کتاب انجیلش را بست و آن را برروی میزی گذاشت و رفت تا به پدرش دلداری بدهد. جسی درحالیکه به سمت پروفسور می رفت و کنارش می ایستاد، گفت:

- پدر، چیزی شده؟!

پروفسور با همان حالش به آرامی سرش را به سوی دخترش چرخاند. جسی به چشمان او نگاه کرد و ادامه داد:

- پدر، تو رو به خدا نگران نباشید ... این همون لحظه ایه که مدتها منتظرش بودیم ... ما باید خوشحال باشیم ... نگرانی شما بی مورده ... همه چیز درست پیش می ره ... من مطمئن هستم.

پروفسور درحالیکه لبخند تلخی می زد، گفت:

- اما من مطمئن نیستم.

جسی با لبخندی ملیح سعی کرد به پدرش امیدواری بدهد:

- پدرا ... همه چیز درسته.

جسی به صفحه مانیتور بزرگ که مقداری خاک در تصویرش دیده می شد، اشاره کرد و ادامه داد:

- ببینید، این دقیقاً همون خاکیه که مسیح رو، بر روی اون به صلیب کشیدن ... یادتونه؟ ... یادتونه چقدر با باستان شناسها تحقیق کردید تا جای دقیقش رو پیدا کنید؟ ... خون مسیح بر روی همین خاک ریخته شده ...

او با چهره ای اندوهگین ادامه داد:

- ... و شاید هم موقعی که مسیح رو به صلیب می کشیدند، قسمتهایی از گوشت و پوست مطهرشون بر روی همین خاک افتاده باشه ... تازه، مگه دستیاران تون DNA ایشون رو از همین خاک استخراج نکردند؟

اما این حرفها نمی توانست نگرانی پروفسور را کم کند. او با همان حال نگرانش جواب داد:

- بله ، بله ... اما؟ ...

جسی حرف پروفسور را قطع کرد:

- اما چی پدر؟ ... شما دارید به قولی که به من دادید، عمل می کنید ... اگه این آزمایش موفق بشه شما دِین تونو رو به مردم هم ادا کردید ... شما باید خوشحال باشید.

پروفسور با بی حوصلگی گفت:

- می دونم ... می دونم، من همه ی اینها رو می دونم ... می دونم دخترم، که حالا، به قولی که به تو و به خودم دادم، دارم عمل می کنم و شاید هم بتونم همه ی مردم دنیا

رو خوشحال کنم ... اما نمی دونم ... نمی دونم، چرا حس بدی دارم؟

جسی به آرامی شانه های پدرش را گرفت و با مهربانی گفت:

- پدر! می خواید همه چیز رو دوباره با هم مرور کنیم؟ ... آخه شما عادت دارید قبل از آزمایش نهایی همه چیز رو دوباره چک می کنید.

انگار که پروفسور کمی راضی شده باشد، با حرکت سرش به جسی علامت مثبت داد. در کنار صفحه کلیدِ دستگاه های کنترل، یک پوشه دیده می شد. در داخل این پوشه مراحل آزمایش توضیح داده شده بود. جسی پوشه را برداشت و آن را باز کرد و از روی آن شروع به خواندن کرد:

- خب، در مرحله اول ما دقیقاً خاک مورد نظرمون رو پیدا کردیم ... در مرحله دوم، DNA شخص مورد نظر رو از خاک استخراج کردیم و بعد اونو احیاء کردیم. درست مثل روز اولش ... مرحله سوم، اون خاک رو همراه با DNA احیاء شده در داخل دستگاه حرکت معکوس قرار دادیم ...

سپس به دستگاه اشاره کرد و ادامه داد:

- ... خب، این دستگاه هم، همه شرایط مورد نیاز DNA رو در اختیارش قرار میده و اون DNA میتونه دوباره بدن انسان مورد نظر رو بسازه.

جسی پوشه را به آرامی بست و مهربانانه به پدرش نگاه کرد و ادامه داد:

- پدر ... من مطمئنم که این دستگاه درست کار میکنه و اختراع شما دنیا رو متحول میکنه... شما به آرزوتون میرسید و می تونید انسانهای بزرگ تاریخ رو دوباره به دنیا برگردونید.

در همین لحظه چارلز از جایش برخاست و با سیگار در دستش، شروع به کف زدن کرد. جسی و پروفسور تازه متوجه شدند که چارلز به حرفهایشان گوش می داده. چارلز با همان حالتی که کف میزد، گفت:

- براوو، پرفسور ... برآوو ... بهتر از این نمیشه، بازگردوندنِ انسانهای بزرگ تاریخ ... این عالیه ... شما بزرگترین اختراع دنیا رو ثبت کردید.

پروفسور در حالیکه لبخند زورکی میزد با حرکت سرش از او تشکر کرد. چارلز دوباره ادامه داد:

- من هم به خاطر اینکه از نزدیک شاهد این اختراع باشم، همه برنامه هامو به هم زدم و شبانه به اینجا اومدم تا خودم شاهد موفقیت بزرگترین اختراع دنیا باشم ... (با لحنی مسخره) میدونید که ... من هم نگران هستم چون سرمایه و زمان زیادی برای این اختراع در اختیارتون قرار دادم. این اختراع برای من ارزش بسیار زیادی داره.

پروفسور پرسید:

- اگه این اختراع اینقدر ارزشمنده، چرا اجازه ندادید امروز خبرنگارها رو مطلع کنیم؟ ... و، و خواستید امروز هیچکس اینجا نباشه؟! ... امروز روز نهایی آزمایشه و مردم دنیا حق دارند شاهد چنین لحظه ای باشند.

چارلز به آرامی و متانت جواب داد:

- اوه ... پروفسور ... درسته که این اختراع خیلی مهمه ... اما اول باید از موفقیت کاملش مطمئن بشیم. و اگر نه خبر دادن و جمع کردن خبرنگارها که کاری نداره ... درست میگم؟

پروفسور نگاهی به چشمان مرموز چارلز انداخت و با دلخوری حرف او را پذیرفت و گفت:

- بله ... بله درست میگید.

در همین لحظه یک مرد که با احترام، لباسی را بر روی دستانش گرفته بود، وارد اتاق شد و به طرف جسی آمد. بر روی آن لباسها یک جفت کفشِ دمپائی مانندِ مدل قدیمی هم دیده میشد. جسی با احترام آن لباسها را از روی دست مرد برداشت و با شادی رو به پدرش کرد و گفت:

- این هم لباسهای مخصوص حضرت مسیح ...

پروفسور با تعجب گفت:

- لباسهای مخصوص؟! ...

جسی جواب داد:

- آخه میدونید، من این لباسها رو مثل نقاشیهائی که از حضرت مسیح دیدم درست کردم ... میخوام مردم مسیح رو با همون تجسمی که ازش دارند، ببینند ... این لباس از لطیف ترین و گرانقیمت ترین پارچه ها درست شده.

پروفسور که متعجب و ناباورانه به جسی نگاه می کرد، پرسید:

- منظورت از این کار چیه؟!

جسی مغرورانه جواب داد:

- خب لباس مسیح باید از بهترین پارچه ها باشه تا با شأن و مقام ایشون جور در بیاد ... جنس این لباس از ابریشم خاصیه درست شده. سازنداش گفت، علاوه بر اینکه لطیفه، نسوز هم هست و در برابر آتش مقاومه.

پروفسور گفت:

- فکر می کنی مسیح از این طرز تفکر و تجملات خوشش میاد؟

جسی کمی سردرگم شده بود و نمی دانست که چه جوابی بدهد. فقط توانست شانه هایش را بالا بیاندازد. فکر کرد شاید کار بدی کرده است. چارلز که از این حرفها حوصله اش سر رفته بود، میان صحبت آنها آمد و گفت:

- من هم فکر می کنم دخترتون درست بگه، پروفسور ... من با اون موافق هستم ... هر چی باشه اون حضرت مسیحه و باید لباس فاخری بپوشه.

پروفسور باز هم با دلخوری نگاهی به چارلز انداخت ولی جوابی نداد.
چارلز با همان لبخند مرموزش جسی را خطاب قرار داد و گفت:

- بهتر نیست لباس حضرت مسیح رو به اتاق مخصوص آزمایش ببری؟

جسی با خوشحالی سرش را به علامت مثبت تکان داد و از اتاق خارج شد. چارلز به عقب رفت و در حالیکه سیگارش را بر دهانش می گذاشت

و برمی داشت، بر روی مبلش نشست. سپس دستانش را به هم مالید و با خوشحالی گفت:

- خب پروفسور ... من که دارم برای دیدن مسیح لحظه شماری می کنم. میشه بگید، کی شروع می کنید؟

پروفسور جواب داد:

- باید مقدمات کار کاملاً آماده باشه.

سپس پروفسور به سمت صندلی اش رفت و بر روی آن نشست و مشغول کار شد. چهره ی چارلز کاملاً مشکوک به نظر می رسید. او با چشمان مکارش به اریکسون علامتی داد. اریکسون در حالیکه با حرکت سرش اطاعت می کرد به طرف درب اتاق رفت و از اتاق خارج شد.

در جای دیگری از آزمایشگاه جسی از چند راهرو عبور کرد و در حالیکه لباس های مسیح را برروی دستش داشت به جلوی درب اتاقی رسید که به آن " **اتاق سبز** " می گفتند. این اتاق راه ارتباطی به راهرو منتهی به اتاق اصلی آزمایش بود. جسی درحالیکه جلوی درب اتاق سبز ایستاده بود به آرامی دستگیره ی درب را به سمت پایین فشار داد. درب باز شد و او وارد اتاق سبز شد. دیوارهای این اتاق، کاملاً سبز رنگ بودند و چند کارتون و یک چرخ دستی که مخصوص جابجا کردن وسایل بود، در کنار یکی از دیوارها قرار داشت.

در سمت دیگر این اتاق یک درب کشویی خودکار دیده می شد که باز بود و بالاتر از کف اتاق قرار داشت. چند پله در جلوی آن درب کشویی بود که آن را به زمین متصل می کرد. جسی از آن پله ها بالا رفت و وارد راهرویی شد که به اتاق اصلی آزمایش می رسید. او بعد از چند قدم به

درب کشویی اتاق اصلی آزمایش رسید. آن درب کشویی هم باز بود. جسی به آرامی وارد اتاق آزمایش شد.

در وسط آن اتاق میز بزرگی قرار داشت که بر روی آن مقداری خاک ریخته شده بود. این همان خاکی بود که تصویرش در مانیتور بزرگ دیده می شد. در بالای آن میز تعداد زیادی پروژکتور و دوربین و دستگاههای مربوط به آزمایش قرار داشت که از آنها سیم های زیادی آویزان بود.

جسی نگاهی به اطراف اتاق انداخت، میز کوچکی را در گوشه اتاق دید. او به سوی آن میز رفت و لباسهای مسیح را بر روی آن گذاشت. سپس به سمت میزی که خاک بر روی آن قرار داشت، برگشت و با چهره ای محزون به خاک نگاه کرد. بعد از چند لحظه حزنی آمیخته با اشتیاق وجودش را فرا گرفت و او به آرامی در جلوی میز زانو زد. او انگشتان دستش را در هم گره زد و مشغول خواندن دعا شد.

همان موقع در راهرو آزمایشگاه، اریکسون به جلوی درب اتاق سبز رسیده بود. او کلیدی را از جیبش بیرون آورد و در حالیکه با احتیاط به اطراف نگاه می کرد، با آن کلید درب اتاق سبز را قفل کرد. سپس کلید را در جیبش گذاشت و با شتاب برگشت.

در اتاق کنترل همه سخت مشغول کار بودند. چارلز بر روی مبلش نشسته بود که اریکسون وارد اتاق شد و به سوی او آمد. چارلز نگاهی به اریکسون انداخت. اریکسون درحالیکه به طرف چارلز می آمد، با حرکت سرش نشان داد که مأموریتش را انجام داده است. چارلز با خوشحالی پروفسور را خطاب قرار داد:

- پروفسور وقتش نشده که شروع کنید؟

پروفسور در حالیکه مشغول کار بود، جواب داد:

- بله ... تقریبا همه چیز آماده است.

سپس پروفسور به مانیتور بزرگ نگاه کرد، در تصویر مانیتور بزرگ جسی را دید که در اتاق آزمایش و کنار خاک زانو زده و دعا می خواند. پروفسور از طریق میکروفنی که جلویش بود، جسی را خطاب قرار داد:

- جسی، دخترم ... موقع شروع آزمایشه، باید از اتاق آزمایش خارج بشی.

در اتاق آزمایش جسی در حال گریه کردن و دعا خواندن بود که صدای پدرش را شنید. پدرش دوباره او را خطاب قرار داد:

- دخترم، می خوایم درها رو ببندیم و آزمایش رو شروع کنیم ... باید از اونجا خارج بشی.

جسی با حالتی محزون، علامت صلیبی بر روی سینه اش کشید و به دعایش پایان داد. سپس برخاست و اشکهایش را پاک کرد و در حالیکه با احترام خاصی نسبت به خاک عقب می رفت، از درب اتاق آزمایش خارج شد.

در اتاق کنترل، پروفسور بعد از چند لحظه دکتر فورد را خطاب قرار داد:

- اگر جسی خارج شده، دربها رو ببندید.

دکتر فورد جواب داد:

- درب یک بسته میشه.

درب کشوئی اتاق آزمایش که خاک در آن قرار داشت به آرامی بسته شد. حالا جسی در اتاق سبز بود. او به سمت درب خروجی منتهی به راهروِ اصلی آمد. دستگیره ی درب را به سمت پایین فشار داد، اما

متوجه شد که درب باز نمی شود. با حالتی بهت زده چند بار دیگر دستگیره را بالا و پایین کرد ولی تلاشش فایده ای نداشت. با خودش فکر کرد: شاید، درب گیر کرده. اما او نمی دانست که آن درب را اریکسون قفل کرده است.

در همان زمان و در اتاق کنترل، پروفسور از دکتر موریسون پرسید:

- درب دوم بسته شده؟

دکتر موریسون جواب داد:

- درب دوم هم بسته شد.

در اتاق سبز جسی با مشت به درب ضربه می زد و با صدای بلند فریاد می کشید و کمک می خواست. که ناگهان در پشت سرش، درب کشوئی اتاق سبز به آرامی بسته شد. برای لحظه ای جسی ساکت شد، بعد به آرامی برگشت و نگاهی به درب کشوئی و به اطراف اتاق انداخت. حالا نگرانی بیشتری وجودش را فرا گرفت چون در اتاق سبز، نه دوربینی بود که او را ببینند و نه وسیله ای که او بتواند با بیرون ارتباط برقرار کند. جسی در اتاق گیر افتاده بود و هیچ راهی به بیرون نداشت.

در اتاق کنترل، پروفسور می خواست آزمایش را شروع کند ولی نگران دیر کردن جسی بود. چند لحظه گذشت همه به پروفسور نگاه می کردند و منتظر بودن تا او دستور آغاز آزمایش را صادر کند. پروفسور با نگرانی به مانیتورها و به درب اتاق کنترل نگاهی انداخت. چارلز که متوجه نگرانی پروفسور شده بود، مکارانه گفت:

- الان دخترتون پیداش می شه، بهتره اینقدر ما رو منتظر نذارید.

پروفسور با اکراه حرف چارلز را پذیرفت و آزمایش را شروع کرد. او بدون اینکه به دستیارانش نگاه کند، گفت:

- اگه همه چیز آماده است، شروع می کنیم؟

دکتر فورد گفت:

- همه آماده ایم، پروفسور.

پروفسور گفت:

- خاک آماده است؟

دکتر فورد چند دکمه صفحه کلید را فشار داد. در تصویر مانیتور بزرگ چند دستگاه و چند رباط به خاک نزدیک شدند. دکتر فورد گفت:

- خاک آماده است.

پروفسور ادامه داد:

- DNA احیاء شده و تحریک کننده DNA ، به خاک اضافه بشه.

دکتر موریسون چند دکمه صفحه کلید را فشار داد. بر روی تصویر مانیتور بزرگ چند رباط در حال حرکت بودند. یکی از رباطها ظرفی را با خود حمل می کرد که مایه ای در آن دیده می شد. آن رباط مایه را بر روی خاک ریخت و عقب رفت. رباطی دیگر لوله ای را به سمت خاک گرفت. بعد از چند لحظه بخاری سفید رنگ از آن لوله خارج می شد که به خاک می خورد. دکتر موریسون گفت:

- DNA احیاء شده و تحریک کننده DNA ، به خاک اضافه شد.

پروفسور گفت:

- زمان دستگاه برای قبل از کشته شدن مسیح، تنظیم بشه.

دکتر فرانکی در حالیکه مضطرب به نظر می رسید و زیر چشمی به پروفسور نگاه می کرد، به طور مشکوکی چند دکمه صفحه کلید را فشار داد و گفت:

- تنظیم شد، پروفسور.

پروفسور با قیافه ای مصمم گفت:

- پس من هم کلمه رمز دستگاه رو وارد می کنم.

پروفسور چند دکمه را بر روی صفحه کلید دستگاه فشار داد. لحظه ای مکث کرد. دست راستش را بر روی دستگیره ای که بر صفحه کلید بود، گذاشت و با دست دیگرش علامت صلیبی بر روی سینه اش کشید. سپس چشمانش را بست، چند نفس عمیق کشید و به آرامی دستگیره را به سمت پایین فشار داد. دستگاه روشن شد، چراغهای کوچک و بزرگ بر روی صفحه کلیدها و کنار مانیتورها چشمک می زدند. بر روی یکی از مانیتورها ارقام نشان دهنده سال کم می شد و نشان می داد که زمان به عقب می رود.

در تصویر مانیتور بزرگ، خاک در حال لرزیدن بود. چند لحظه به همین منوال گذشت. پروفسور در حال نگاه کردن به مانیتورها بود که چیزی نظرش را جلب کرد. چهره اش نشان می داد که انگار متوجه اشتباهی شده بود. او بهت زده از جایش برخاست و کمی عقب آمد. بعد از چند لحظه ناگهان با تعجب و حیرت فریاد زد:

- صبر کنید، انگار اشتباهی رخ داده!

همه نگاه‌ها متوجه پروفسور شد. پروفسور در حالیکه به مانیتور نشان دهنده‌ی ارقام سال اشاره می کرد، گفت:

- زمان دستگاه درست نیست ... این زمان مربوط به حضرت مسیح نیست ... این خیلی کمه ... اشتباه شده!

چارلز درحالیکه لبخند شیطانی می زد، گفت:

- نه پروفسور ... زمان دستگاه درست تنظیم شده.

پروفسور گیج و سردرگم به مانیتورها و به چارلز نگاه کرد و گفت:

- یعنی چی؟! من که نمی فهمم! این زمان که مربوط به مسیح نیست!

چارلز به تصویر مانیتور بزرگ اشاره کرد و با همان لبخند شیطانی جواب داد:

- خب ... آخه اون خاک هم ... خاک، مسیح نیست.

پروفسور واقعا گیج شده بود، او نمی دانست چه اتفاقی در حال رخ دادن است. در همین لحظه اریکسون به پروفسور نزدیک شد و یک پوشه را به طرف پروفسور گرفت و گفت:

- بهتره یک نگاهی به این پرونده بندازید.

پروفسور پوشه را گرفت، آن را باز کرد و مشغول خواندن شد. چیزی را که می دید نمی توانست باور کند. انگار دنیا بر سرش خراب شده بود. او درحالیکه مدارک را می خواند، با عصبانیت و ناباوری سرش را به علامت منفی تکان می داد و در همین حال هم می گفت:

- نه ... نه ... این غیر ممکنه ... این نمی تونه درست باشه ... نه ...

سپس با خشم نگاهی به چارلز انداخت و به مانیتور بزرگ اشاره کرد:

- ... یعنی می خواید بگید که این خاک، خاک" **هیتلره** "؟!

چارلز که دیگر چیزی برای پنهان کردن نداشت به آرامی بلند شد و با لحنی تمسخرآمیز گفت:

- درسته، پروفسور ... این خاک، خاکِ **"آدولف هیتلره"**.

پیرمرد کابوس زندگیش را در جلوی چشمانش می دید. او واقعاً نمی توانست این حرفها را باور کند. با خشم و عصبانیتی که وجودش را فرا گرفته بود، فریاد زد:

- نه، نه ... این درست نیست ... این امکان نداره ... این خاک، خاک مسیحه. شما اشتباه می کنید.

چارلز برای چند لحظه با صدای بلند خندید و در آخر گفت:

- نه پروفسور عزیز، این شمایید که اشتباه می کنید.

پروفسور گیج و سردرگم بود. زمانی که پروفسور در بیمارستان بستری بود آنها خاک هیتلر را به آزمایشگاه آورده بودند و DNA او را استخراج کرده بودند. در پایان هم مستندات جعلی به پروفسور نشان داده بودند تا او با خیال راحت DNA را احیاء کند. تازه پیرمرد فهمید که چه فریبی خورده است. آرزوی او این بود که با این اختراع انسانهای خوب و بزرگ تاریخ را به دنیا بازگرداند، آنهایی که باعث خیر بوده اند، نه انسانهای شر و جنگ آفرین را ... نه، نمی توانست اجازه بدهد که

اختراعش در دست انسان طماع و فرصت طلبی مثل چارلز بیافتد. به همین سبب گفت:

- نه، من نمیذارم از این اختراع این طوری سوءاستفاده بشه.

چارلز با لحنی حق به جانب گفت:

- اوه پروفسور، یادتون نره که این اختراع ماست ... و هدفمون هم یکیه، برگردوندنِ آدمهای بزرگ تاریخ، درست می گم؟

پروفسور با همان لحن عصبانی جواب داد:

- بله، اما نه آدمهایی که دنیا رو به خاک و خون کشیدند و باعث بدبختی مردم دنیا شدند.

پروفسور لحظه ای با خودش فکر کرد که شاید همه ی دستیارانش در این کار دست نداشته باشند و کسی از آنها به او کمک کند. به همین جهت با کمی اعتماد بنفس گفت:

- ما اجازه نمی دیم که این کار رو بکنی.

چارلز زیرکانه گفت:

- شما؟ ... شما تنها هستید، پروفسور ... چون دستیارانتون با شما هم عقیده نیستند.

پروفسور حیرت زده به دستیاران و همکارانش نگاه کرد، چیزی را که می شنید نمی توانست باور کند. یعنی در تمام این مدت همه ی کارکنان آزمایشگاه به او خیانت کرده بودند؟! او برای چند لحظه به دستیارانش خیره ماند و بعد مأیوسانه به آنها گفت:

- اون چی می‌گه؟!

همه با شرمندگی سرشان را پایین انداخته بودند. پروفسور ادامه داد:

- یعنی در تمام این مدت شما داشتید منو فریب می‌دادید؟ ... مگه خاک مسیح رو به اینجا نیاوردید؟

دکتر فورد که منطقی‌تر و با تجربه‌تر از همه به نظر می‌رسید به آرامی برخاست و درحالیکه ظاهراً شرمنده بود، سرش را تکان داد و گفت:

- بله ... بله ... ما خاک رو به اینجا آوردیم ... اما نتونستیم هیچ اثری از DNA مسیح، توی اون خاک پیدا کنیم ... خودتون که شاهد بودید ما سالها تلاش کردیم ولی نتونستیم هیچ چیزی از مسیح توی اون خاکها پیدا کنیم ... قبول کنید که فکر آوردن مسیح از اولش هم اشتباه بود ... من ... من فکر می‌کنم که یک معجزه بزرگ باید اتفاق بیفته تا مسیح بیاد ... یعنی اومدن مسیح فقط در اختیار خداونده و بس ... نمی‌دونم شما به انجیل اعتقاد دارید، پروفسور؟ ... در انجیل هم ننوشته که مسیح بوسیله‌ی یک اختراع بازمی‌گرده.

پروفسور که دیگر کاملاً مأیوس و درمانده شده بود، با تأسف گفت:

- یعنی شما به خاطر همین دلایل، به من خیانت کردید؟ ... یا به خاطر پول این مرد؟

دکتر فورد دیگر برای این حرف پروفسور جوابی نداشت. او با شرمندگی سرش را پایین انداخت، زیرا پروفسور درست می‌گفت. آنها مخفیانه با چارلز معامله کرده بودند تا در قبال پول فراوان، پیرمرد بیچاره را فریب بدهند. پروفسور با همان لحن درمانده ادامه داد:

- من انجیل رو بهتر از شما می شناسم و بیشتر از شما به اون ایمان دارم. ولی فکر کردم، شاید ما یک وسیله باشیم و خدا بخواد که به وسیله ما، مسیح برگرده و به بندگان نیازمندش کمک کنه ... من به این اعتقاد داشتم ... اما شما چی؟ شما به چی اعتقاد دارید؟

دکتر فورد با شرمندگی جواب داد:

- ولی پروفسور! آوردن شخصی مثل مسیح! ... با این دستگاه! ... فکر اشتباهی بوده.

پروفسور گفت:

- نمی دونم که این فکر اشتباه بود یا نه ... اما نیت من این بود که با این اختراع، آدمهای بزرگ تاریخ رو به دنیا برگردونم ... چون فقط وجود انسانهایی مثل مسیح می تونه، دنیا رو از ظلم و تباهی، نجات بده ... من، من نمی خواستم آدمهای خبیث رو به دنیا برگردونم.

چارلز با لحنی مسخره پروفسور را خطاب قرار داد:

- می بینید که، با این دستگاه برای امثال مسیح نمی تونیم کاری انجام بدیم. ولی برای آدمهای بزرگی مثل هیتلر، چرا!

خشم و ناراحتی سراپای پروفسور را فرا گرفته بود. او همه چیز را از دست رفته می دید. آرزوهایش، دنیایی بدون جنگ، و پر از صلح، همه را بر باد رفته می دید. پیرمرد تمام عمرش را صرف این اختراع کرده بود تا به درد بشریت بخورد و حالا می دید که از او و علمش برای تباهی بشریت سوءاستفاده می شود. او دیگر نمی توانست تحمل کند، باید

کاری می کرد. به همین خاطر به سمت دستگاه خیز برداشت تا آن را خاموش کند. اما اریکسون خیلی سریع او را گرفت و به سمت دیگری هُل داد. چارلز با لحنی شیطانی گفت:

- نه، نه، پروفسور ... این کار رو نکنید. اگه زنده هستید به خاطر اینه که ما به رمز دستگاه احتیاج داشتیم ... حالا که رمز رو وارد کردید، بهتره کار احمقانه ای انجام ندید.

برای پروفسور همه چیز تمام شده بود، او دیگر به جانش هم فکر نمی کرد. چهره اش عرق کرده بود و از شدت خشم همه ی بدنش می لرزید. کنترلی بر روی خودش نداشت، دست راستش را مشت کرده بالا برد و به طرف چارلز حمله کرد. هنوز چند قدم برنداشته بود که صدای شلیک گلوله ای او را بر جایش میخکوب کرد. پیرمرد سعی کرد، چیزی بگوید. اما دیگر نمی توانست، زیرا تیری سینه ی او را شکافته بود. او در حالیکه درد می کشید دستش را به سختی پایین آورد تا بر روی زخمش بگذارد. کمی آن طرفتر اریکسون که به سوی او شلیک کرده بود، اسلحه ی کلتش را پایین آورد. پروفسور دستش را بر روی زخم سینه اش گذاشت. بعد به سختی سرش را به اطراف تکان داد و با آخرین نفسهایش گفت:

- مَ ... من ... اشتباه ... کردم ....

پیرمرد دیگر نتوانست تاب بیاورد، برزمین افتاد و در جا مرد.

در سوی دیگر آزمایشگاه و در اتاق سبز، جسی بی خبر از همه جا در حال سروکله زدن با دستگیره درب خروجی بود. او نمی دانست که در اتاق کنترل چه اتفاقاتی رخ داده است. مدتی بود که دوباره به درب ضربه می زد و با فریاد کمک می خواست، اما فایده ای نداشت، کسی صدایش را نمی شنید.

حدود نیم ساعت گذشت و حالا جنازه ی پروفسور را در گوشه ی اتاق کنترل گذاشته بودند و دکتر فورد به جای پروفسور نشسته بود. چارلز و محافظانش ایستاده، مراحل آزمایش را پیگیری می کردند. دکتر فرانکی و دکتر موریسون و بقیه هم در جاهای خودشان نشسته و مشغول کار بودند. در صفحه ی مانیتور بزرگ تصویر اتاق آزمایش و خاک هیتلر دیده می شد. خاک در حال تکان خوردن بود.

حالا چارلز کمی مضطرب به نظر می رسید، چون پروفسور کشته شده بود و اگر مشکلی برای آزمایش پیش می آمد، او نمی دانست که باید چه کار کند. او با کلافگی نگاهی به ساعتش انداخت، عقب رفت و بر روی مبلش نشست. بر روی یکی از مانیتورهای کوچک، ارقام نشان دهنده سال کمتر و کمتر می شد. چارلز که دیگر حوصله اش سر رفت بود، گفت:

- چقدره دیگه باید منتظر بمونیم؟! نکنه مشکلی پیش اومده؟!

دکتر فورد دستپاچه جواب داد:

- دیگه چیزی نمونده.

ناگهان صدای دستگاه عوض شد. آنهایی که در اتاق بودند، می دیدند که بر روی صفحه ی مانیتور بزرگ، کم کم اسکلت استخوانی بدن هیتلر بر سطح خاک پدیدار می شود. چشمان چارلز از شادی برق می زد و زیر لب با خود زمزمه می کرد:

- بیا ... بیا ... بیا فرشته من ... زود باش.

با پدیدار شدنِ اسکلت استخوانی بدن هیتلر، بر روی خاک، مرحله اول آزمایش داشت با موفقیت انجام می شد و همه می خواستند این

موفقیت را به یکدیگر تبریک بگویند که یک مرتبه نور چراغ های اتاق کنترل قطع و وصل شدند. همه جا تاریک و روشن می شد. همه مانیتورها خاموش شدند فقط مانیتور بزرگ روشن بود. چارلز هراسان از جایش برخاست. صدایی آسمانی مانند صدای دسته کُرکلیسا فضای اتاق را پر کرد. همه وحشت زده به اطراف نگاه می کردند. کسی نمی دانست چه اتفاقی افتاده است. در این لحظات وحشت آور ناگهان صدای دکتر فورد همه را متوجه مانیتور بزرگ کرد. او به مانیتور بزرگ اشاره می کرد و با هیجان فریاد می زد:

- اونجا رو ... اونجا رو ...

آنها بر روی تصویر مانیتور بزرگ می دیدند که بخاری سفید رنگ اتاق آزمایش را پر کرده است و در میان آن بخار سفید رنگ آنها شبه نورانی یک انسان را می دیدند که در حال عبور از جلوی مانیتور بود. همه از ترس میخکوب شده بودند.

در اتاق سبز هم اوضاع به همین منوال بود. نور چراغها خاموش و روشن می شد و جسی صدای آوای آسمانی را می شنید. او مضطرب به اطراف نگاه می کرد و سردرگم بود.

در آن لحظات در اتاق کنترل هیچ کس تکان نمی خورد و کسی حرفی نمی زد. تا اینکه آرام آرام صدای آسمانی قطع شد. نور چراغ ها دوباره وصل شدند و اوضاع به حالت عادی برگشت. با این حال هنوز هم هیچ کس حرکتی انجام نمی داد. همه ساکت بودند که ناگهان صدای قیژه چاپگری که بر روی دستگاه کنترل نصب بود، سکوت را درهم شکست. یک کاغذ در حال بیرون آمدن از چاپگر دیده می شد. بر روی آن کاغذ عکس چهره ی مردی در حال نقش بستن بود.

در اتاق سبز، هنوز هم چراغ ها کمی خاموش و روشن می شدند. جسی مضطرب و هیجان زده به اطراف نگاه می کرد. ناگهان صدای باز شدن درب کشویی اتاق که بالاتر از زمین قرار داشت به گوشش رسید. درب کشویی مخصوص آهسته باز شد. بخاری سفیدرنگ از درب اتاق خارج شد. جسی کنجکاوانه کمی جلوتر آمد. نسیمی آرام به صورت جسی وزید و موهایش را تکان داد. نسیم آنقدر ملایم و آرامش بخش بود که جسی بی اختیار چشمانش را بست.

همزمان صدای آسمانی دسته کُر کلیسا، فضای اتاق سبز را در بر گرفت. قامت زیبای مسیح از میان بخار سفید کم کم پدیدار شد. مسیح لباس هایی را که جسی برایش تهیه کرده بود، به تن داشت و در میان درب ایستاده بود. کم کم صدای آسمانی قطع شد و جسی چشمانش را به آرامی باز کرد. او نمی توانست چیزی را که در مقابلش می دید، باورکند. از شوق زبانش بند رفته بود و قدرت سخن گفتن نداشت.

مسیح با لباسهایی که پوشیده شده بود کاملاً شبیه نقاشی های کلیسا، زیبا و ملکوتی و بسیار عارفانه به نظر می آمد. او به آرامی از پله ها پایین آمد و جلوی جسی ایستاد. جسی مبهوت به مسیح نگاه می کرد. به نظرش مسیح درست شبیه قصه هایی بود که مادرش برایش تعریف کرده بود. جسی با همان بهتزدگی اش سعی کرد، بگوید:

- مَ ... مَ ... مسیح؟

مسیح در حالیکه لبخندی زیبا بر لب داشت با حرکت سرش به او جواب مثبت داد و گفت:

- سلام دخترم.

برای لحظاتی جسی از خود بی خود شده بود. او نمی دانست خواب است یا بیدار، اما دوست داشت که اگر خواب است، دیگر از خواب بیدار نشود. بعد از چند لحظه جسی در جلوی پای مسیح زانو زد. دامان مسیح را گرفت و بوسید. مسیح به آرامی شانه های جسی را گرفت و او را بلند کرد و با مهربانی به او گفت:

- بلند شو دخترم، این کار لازم نیست.

اشک در چشمان جسی حلقه زده بود. اما او نمی دانست که چه اتفاقاتی در آزمایشگاه رخ داده با خودش فکر می کرد که سرانجام زحمات پدرش به بار نشسته و مسیح به وسیله اختراع پدرش آمده است. به همین خاطر حال عجیب و غیر قابل توصیفی داشت. بالاخره توانست خودش را جمع و جور کند و با صدایی لرزان به مسیح گفت:

- چقدر منتظر این لحظه بودم!

مسیح مهربانانه به جسی لبخند زد. جسی مشتاقانه سراپای مسیح را برانداز کرد و گفت:

- این لباس ها خیلی بهتون میاد ... درست مثل نقاشی های توی کلیسا شدید ... مثل تصویری که از شما در ذهن همه ی مردم هست.

مسیح به آرامی جواب داد:

- من فقط به خاطر زحمتی که تو کشیدی، این لباس رو پوشیدم ... وگرنه ...

جسی با نگرانی حرف مسیح قطع کرد و گفت:

- از این لباس خوشتون نمیاد؟!

مسیح به آرامی گفت:

- نه، موضوع این نیست ... تو قلب پاکی داری و می خواستی با تهیه این لباس به من احترام بذاری چون می دونی که من بنده ی برگزیده ی خداوند هستم. اما هدف خداوند از فرستادن من، بدست آوردن لباس و جاه و مقام نیست.

جسی گیج و سردرگم شده بود و نمی دانست چه جوابی بدهد. مسیح که متوجه سردرگمی جسی شده بود و نمی خواست که او بیشتر از این اذیت شود، به آرامی به جسی گفت:

- مهم نیست دخترم، خودت رو ناراحت نکن ... ما کار مهمی داریم. باید از اینجا بیرون بریم.

جسی که نمی دانست در آزمایشگاه چه اتفاقی افتاده است با تعجب از این حرف مسیح گفت:

- اما اینجا همه منتظر شما هستند ... اونها برای اومدن شما تلاش کردن و شب و روز زحمت کشیدند.

ولی مسیح ظاهراً از قضایا با خبر بود چون درحالیکه به سمت درب خروجی اتاق سبز می رفت با لحنی تمسخرآمیز گفت:

- برای اومدن من تلاش کردن و زحمت کشیدن؟!

با این حرف مسیح، جسی کاملاً سردرگم و گیج تر شده بود. در همین حال او متوجه شد که مسیح دستش را به طرف دستگیره ی درب خروجی اتاق سبز دراز می کند. به همین خاطر با عجله گفت:

- صبر کنید! ... اون در قفل شده.

مسیح بدون توجه به حرف جسی به آرامی دستگیره را گرفت و به طرف پایین فشار داد. در میان بهت و ناباوری جسی، درب اتاق سبز به آرامی باز شد. جسی مات و مبهوت مانده بود. مسیح در حالیکه از درب بیرون می رفت با حرکت سرش به جسی اشاره کرد که دنبالش برود.

اما در اتاق کنترل، وضع به گونه ی دیگری بود. عکسی که از چاپگر بیرون آمده بود، حالا در دست چارلز بود. او برروی مبلش نشسته بود و متفکرانه به آن نگاه می کرد. بقیه هم دور او جمع شده بودند و درباره ی هویت مردی که در عکس دیده می شد، صحبت می کردند. مرد داخل عکس صورت معصومی داشت، با چشمانی بسیار نافذ و گیرا. علاوه بر آن محاسن نسبتاً بلندش چهره اش را بسیار دلنشین تر و جذابتر کرده بود. این چهره برای چارلز بسیار آشنا به نظر می آمد اما هر چقدر فکر می کرد، نمی دانست که او را کجا دیده است. بقیه هم همین نظر را داشتند. عکس برای آنها هم آشنا بود ولی آنها هم نمی دانستند که آن عکس متعلق به کیست. همه با هم در حال صحبت بودند تا اینکه سرانجام چارلز درحالیکه به عکس نگاه می کرد، گفت:

- معنی این عکس چیه؟! ... یعنی این شخص کی می تونه باشه؟!

دکتر فرانکی به طرف میز کارش رفت و درحالیکه می نشست، گفت:

- خب این دستگاه طوری طراحی شده که به وسیله دوربین هاش، عکس هر کسی رو که موقع آزمایش داخل اتاق باشه میگیره و به چاپگر می ده.

و بعد دکتر فرانکی به وسیله صفحه کلید جلویش سرگرم نگاه کردن به تصویر دوربین های داخل اتاق آزمایش شد. دکتر فرانکی بعد از چند لحظه حیرت زده فریاد زد:

- اونجا رو نگاه کنید!

همه به آن مانیتوری نگاه کردند که دکتر به آن اشاره می کرد. مانیتور تصویر میز کوچکِ داخل اتاق آزمایش را نشان می داد. دکتر با همان لحن ادامه داد:

- اونجا ... لباس های مسیح روی اون میز بود ... اما حالا نیست.

همه بهت زده به مانیتور نگاه می کردند و نمی توانستند از این اتفاقات سر دربیاورند. دکتر فورد درحالیکه وحشت کرده بود و چشمانش کاملاً گرد شده بود به آرامی و مرموزانه گفت:

- اون شبه! ... ای ... این عکس! ... و حالا لباسهای مسیح!

ناگهان به صورت غیر ارادی توجه همه به سوی جنازه پروفسور که در گوشه اتاق کنترل افتاده بود، جلب شد. سکوتی وحشت آور همه را فرا گرفته بود. به یکباره از خاطر آن گناهکاران گذشت که شاید پروفسور راست می گفت و واقعاً مسیح آمده باشد. بالاخره دکتر فورد با حالتی بهت زده چیزی را بیان کرد که بقیه جرأت گفتنش را نداشتند. او گفت:

- شاید ... شاید ... واقعاً ... مسیحه اومده!

اریکسون با حالتی مشکوک به عکسی که در دست چارلز بود، اشاره کرد و رو به دکترها گفت:

- می خواید بگید، که این هم ... عکس مسیحه؟!

دکتر فرانکی کمی خودش را جمع و جور کرد و جواب داد:

- پس کی می تونه باشه؟!

دکتر فورد گفت:

- اگه مسیح باشه؟! ... پ ... پس ... ای ... این یه معجزه است.

دکتر موریسون بسیار ساکت بود و تا حالا هیچ حرفی نزده بود. اما چون حالا احساس گناه می کرد، حرف زد و حرفش باعث وحشت بقیه شد. او با نگرانی گفت:

- ولی اگه مسیح باشه ... ما چه جوابی داریم که بهش بدیم؟ ... با ما چه رفتاری می کنه؟

اریکسون دستپاچه گفت:

- حالا وقت این حرفها نیست. من در اتاق سبز رو قفل کردم ... یعنی باید هنوز هم اونجا باشه.

سپس اریکسون با عجله از اتاق کنترل خارج شد.

در همان موقع، مسیح و جسی در پارکینگ سرپوشیده آزمایشگاه، در اتومبیل جسی نشسته بودند و جسی سعی می کرد تا اتومبیلش را روشن کند. اما ظاهراً مشکلی برای اتومبیلش پیش آمده بود زیرا هرچه استارت می زد، اتومبیل روشن نمی شد. سرانجام بعد از چندین استارت زدن، اتومبیل روشن شد. اتومبیل آنها حرکت کرد و از پارکینگ خارج شد. آنها کنار جاده ی آسفالته ایستادند. جسی که نمی دانست چرا باید بیرون بروند، با تعجب از مسیح پرسید:

- حالا من باید کجا برم؟

مسیح به آرامی گفت:

- باید یه شهر کوچیک در این نزدیکی باشه؟

جسی با خوشحالی گفت:

- بله، هست.

مسیح گفت:

- پس به طرف شهر برو.

جسی خیلی دوست داشت بفهمد که چرا باید بروند؟ به همین خاطر پرسید:

- نمی خواید بگید، چرا ما باید اینطوری بریم؟ ... مثل اینه که داریم فرار می کنیم.

مسیح نمی خواست فرصت را از دست بدهد زیرا می دانست که اتفاقات بزرگی در حال رخ دادن است. او وقتی برای توضیح دادن نداشت. به همین خاطر جواب داد:

- ممکنه حرکت کنی.

جسی هم که نمی خواست مسیح را ناراحت کند، اطاعت کرد. اما هنوز هم در ته قلبش می خواست بداند که چرا باید اینگونه بروند. مگر چه شده است؟ با این حال گفت:

- باشه، هرطور که شما بگید.

سپس اتومبیل جسی قیژه کنان وارد جاده ی آسفالته وسط بیابان شد و به طرف شهر کوچک که نامش **" شهر سیاه"** بود، رفت.

چند لحظه بعد در اتاق کنترل، چارلز بر روی مبلش نشسته بود و هنوز هم عکس مسیح را در دست داشت. او متفکرانه به عکس نگاه می کرد. در همین موقع اریکسون سراسیمه وارد اتاق کنترل شد و به سمت چارلز آمد و گفت:

- قربان اونها رفتند ... یکی از نگهبان ها دیده که دختر پروفسور با اتومبیلش به همراه یک مرد به طرف شهر رفته ... نگهبان گفت که مرد لباسهای عجیبی به تن داشته ... من که نمی فهمم! من خودم در اتاق سبز رو قفل کردم ... نمی دونم چطوری بازش کردن؟!

چارلز با همان حالت مرموز و متفکرانه اش نگاهی به عکس مسیح انداخت و به آرامی گفت:

- یعنی واقعاً این مسیحه؟

اریکسون با لحن مشکوکی گفت:

- قربان من بعید می دونم که این شخص مسیح باشه.

درحالیکه چارلز و اریکسون مشغول بحث درباره ی عکس مسیح بودند، دکترها و همکارانشان در گوشه ی دیگر اتاق کنترل جمع شده بودند و درباره ی ادامه ی کارشان صحبت می کردند. ظاهراً اتفاقات رخ داده در داخل آزمایشگاه، همکاران پروفسور را به چالش کشیده بود. آنها دست از کار کشیده بودند و به نظر میآمد که دیگر حاضر به همکاری نیستند. چارلز متوجه رفتار غیر طبیعی آنها شد و نگاه دقیقی به آنها انداخت. بعد از چند لحظه چارلز به آنها مشکوک شد که نکند نمی خواهند همکاری کنند. به همین جهت با صدای بلند آنها را خطاب قرار داد و گفت:

- چی شده؟! ... چرا آزمایش رو ادامه نمی دید؟!...

سه دستیار اصلی پروفسور در جلوی بقیه ایستاده بودند. آنها در مقابل سؤال چارلز ساکت ماندن و عکس العملی انجام ندادند. این حرکت آنها نشان داد که شک چارلز درست بوده. آنها دیگر حاضر به همکاری

نبودند و چارلز حالا احساس خطر می کرد. او دوباره با لحن محکمی پرسید:

- گفتم، چی شده؟

دکتر موریسون با حالتی وحشت زده گفت:

- ما، ما، فکر می کنیم ... که این ... این یه نشونه است.

چارلز که از حرفهای دکتر موریسون سر درنیاورده بود، سرش را تکان داد و گفت:

- منظورتونو نمی فهمم ... نشونه ی چی؟!

دکتر فرانکی با حالت مضطربی گفت:

- ما ... ما گناه کردیم ...

او به جنازه ی پروفسور که در گوشه ی اتاق بود، اشاره کرد و ادامه داد:

- ... اون هدفش پاک و درست بود ... ما به اون دروغ گفتیم.

دکتر فورد یک قدم جلو گذاشت و به اسکلت هیتلر که بر روی خاک، در تصویر مانیتور بزرگ دیده می شد، اشاره کرد و با لحن محزونی گفت:

- ما با آوردن این مرد، داریم به مردم دنیا ظلم می کنیم ... ما داریم به همه ظلم می کنیم ... ما گناهکاریم ... شاید مسیح با ظهورش در اینجا خواسته تا ما به وجودش ایمان بیاریم و دست از گناه بکشیم ... اون خواسته که ما رو بیدار کنه و ما خودمون جلوی این فاجعه رو بگیریم ... اون می خواد که ما از گناه مون برگردیم.

شاید دکتر فورد درست می گفت و مسیح با ظهورش در آن مکان می خواست تا روح به خواب رفته ی این گناهکاران را از خواب غفلت بیدار کند. اما این حرفها برای چارلز کاملاً بی معنی بود او که حسابی از این حرفها عصبانی شده بود، فریاد زد:

- حالا کی گفته که این خود مسیحه؟!

دکترها و دستیارانشان در مقابل چارلز ساکت ماندن و حرفی نزدند. چارلز عکس مسیح را که در دست داشت تکان داد و با صدایی آرامتر ولی تهدید آمیز گفت:

- پس شما فکر می کنید که این مسیحه ... و برای بیدار کردن شما اومده ... و شما حاضر به همکاری نیستید؟

دکترها و دستیارانشان باز هم در مقابل چارلز ساکت ماندن و این حرکت آنها نشان داد که دیگر حاضر به همکاری نیستند. چارلز با عصبانیت نگاهی به آنها انداخت و بعد با لحن محکمی گفت:

- باشه ... باشه ... خودتون خواستید.

سپس او نگاه معناداری به اریکسون انداخت. اریکسون بلافاصله به محافظین اشاره کرد. محافظانی که پشت مبل چارلز ایستاده بودند، کمی جلو آمدند و اسلحه هایشان را به سوی دکترها و همکارانشان نشانه گرفتند. دکتر ها و همکارانشان از این حرکت محافظین وحشت زده شدند و هم همه ای در بین آنها براه افتاد. طولی نکشید که یکی یکی و دستپاچه و وحشت زده، به سوی صندلیهایشان رفتند و بر جاهایشان نشستند. ولی ظاهراً دکتر فورد جرأتش باز شده بود، چون او هنوز هم بی حرکت ایستاده بود و به چارلز نگاه می کرد. چارلز با لحنی تهدید آمیز به او گفت:

- یعنی نمی خوای همکاری کنی؟

دکتر فورد نگاهی به پشت سرش انداخت و وقتی دید تنها شده است، ترسید. او وحشت زده آب دهانش را قورت داد و بعد به آرامی به سوی صندلیش رفت و بر جایش نشست. چارلز نفس راحتی کشید و لبخندی زد. محافظان اسلحه هایشان را پایین آوردند و کمی عقب رفتند. اریکسون کمی جلو آمد و گفت:

- قربان حالا چه کار کنیم؟

چارلز درحالیکه سیگارش را در دهانش می گذاشت و برمی داشت، به عکس مسیح که در دستش بود، نگاه کرد و با لبخندی شیطانی گفت:

- من هم دوست داشتم مسیح رو از نزدیک ببینم اما ... مسیح هم از من فرار می کنه ... نباید می ذاشتیم بره.

اریکسون کمی خم شد و به آرامی گفت:

- قربان، نباید زیاد دور شده باشند ... می تونیم بریم دنبالشون.

چارلز که بسیار به نقشه ها و برنامه ریزی هایش مغرور بود، به عکس مسیح خیره شد و گفت:

- نه ... لازم نیست. اگه واقعاً این مرد مسیح هم باشه، نمی تونه حالا برای من خطری ایجاد کنه ... اما ... اما، ممکنه در آینده مشکلاتی پیش بیاد ... باید آینده نگر باشیم.

سپس عکس مسیح را به طرف اریکسون گرفت و ادامه داد:

- این عکس رو فکس کن ... بگو خیلی سریع براش یک پرونده تروریستی درست کنند، با جرم های مختلف، و اونو در اختیار پلیس بذارند.

اریکسون با تعجب عکس را گرفت و گفت:

- پرونده ی تروریستی؟! ... اون هم برای مسیح؟!

چارلز یک گیلاس مشروب را از کنارش برداشت و کمی از آن را نوشید و درحالیکه به دوردست خیره می شد، گفت:

- با نقشه ای که ما برای آینده دنیا داریم، ممکنه بعدها مسیح سدّ راهمون بشه.

❊❊❊

چند دقیقه ی بعد اتومبیل جسی به دو راهی شهر سیاه رسید. موتور اتومبیل جسی خراب کار می کرد و صداهای عجیبی می داد. به همین دلیل جسی اتومبیلش را به کنار جاده هدایت کرد و تا اتومبیل توقف کرد، خاموش شد. جاده کاملاً خلوت بود و هیچ کس در آن حوالی دیده نمی شد. جسی چند استارت زد و سعی کرد اتومبیلش را روشن کند، اما فایده ای نداشت اتومبیل روشن نمی شد. مسیح به اطراف نگاه کرد. در سمت راستش تابلویی بود که بر روی آن نوشته بود. **" شهر سیاه "**

در سمت چپ، تابلویی دیگری دیده می شد که بر روی آن نوشته بود. **" جاده کمربندی "**

جسی که دید مسیح به تابلوها نگاه می کند، به سمت راست اشاره کرد و گفت:

- این راه به سمت شهر می ره.

و بعد به سمت چپ اشاره کرد و گفت:

- و این راه، شهر رو دور می زنه.

مسیح گفت:

- به کجا می رسه؟

جسی گفت:

- به یک "**پل بزرگ**" می رسه. بعد از پل هم یک "**پایگاه ساخت موشکهای اتمی**" قرار داره و بعد از اون دیگه هیچی نیست.

انگار چیزی در دور دست نظر مسیح را به خودش جلب کرده بود، چون درحالیکه کنجکاوانه به سمت شهر نگاه می کرد، با اشاره ی دستش پرسید:

- اونجا چه خبره؟!

جسی به جایی که مسیح اشاره کرده بود، نگاه کرد و دید که دود غلیظی از طرف شهر به آسمان می رود، به همین خاطر جواب داد:

- فکر کنم جایی آتیش گرفته.

جسی باز هم سعی کرد که اتومبیلش را روشن کند. چند استارت پشت سرهم زد اما فایده ای نداشت، اتومبیلش روشن نمی شد. او با ناراحتی گفت:

- آه ... نمی دونم امروز چِش شده؟!

مسیح به آرامی از اتومبیل پیاده شد و درب اتومبیل را باز گذاشت. انگار چیزی او را به سمت شهر می کشید. او درحالیکه به دود ناشی از

آتش سوزی نگاه می کرد، به سوی شهر به راه افتاد. جسی که این حرکت مسیح را دید، خیلی زود از اتومبیل پیاده شد و گفت:

- میشه بگید کجا دارید، میرید؟

مسیح ایستاد و رو به جسی گفت:

- شاید کسی به کمک احتیاج داشته باشد.

سپس به سوی شهر به راه افتاد. جسی که حسابی کلافه شده بود، نفس عمیقی کشید. دربهای اتومبیلش را بست و درحالیکه پشت سر مسیح می دوید، گفت:

- لااقل صبر کنید تا من هم بیام.

※※※

هر چقدر که بیرون شهر آرام بود اما در داخل شهر، اوضاع به گونه ی دیگری بود. در همان ابتدای شهر، خانه ی دوطبقه ی چوبی آقای "**جفرسون**" آتش گرفته بود. آتش و دود از پنجره های خانه زبانه می کشید و به آسمان می رفت.

آتشنشانها رسیده بودند و در حال تلاش برای خاموش کردن، آتش بودند. دو اتومبیل آتشنشانی به طرف خانه آب می پاشیدند. کمی عقب تر از آنها مردم زیادی برای تماشا جمع شده بودند. چند پلیس هم جلوی مردم ایستاده بودند تا جلوتر نروند. آمبولانسی هم در همان محدوده دیده می شد که پرستارهایش مشغول مداوای آقا و خانم جفرسون بودند. سرو صورت آنها در آتش سوزی کمی زخمی و دود زده شده بود و پرستاری مشغول بانداژ کردن سر آقای جفرسون بود.

چهار سال از ازدواج آقا و خانم جفرسون می گذشت. حاصل ازدواج شان دختر سه ساله ای بود که به نظر می آمد در این آتش سوزی، در خانه گیر افتاده است.

در جلوی جمعیت، رئیس پلیس شهر کوچک، **" گروهبان کیدی "** پشت سر چند پلیس ایستاده بود و دستوراتی می داد تا همکارانش مردم را کنترل کنند.

در همین زمانها بود که مسیح به همراه جسی به جمعیت رسیدند. آنها از میان جمعیت جلوتر آمدند و به جایی که گروهبان کیدی ایستاده بود، نزدیک شدند.

در همین حال یک آتشنشان با لباس مخصوص ضد حریق از خانه ی در حال سوختن خارج شد و بعد از چند لحظه به سوی گروهبان کیدی آمد. او کلاه ایمنی را از سرش برداشت و به گروهبان گفت:

- من نتونستم کسی رو پیدا کنم، شدت آتیش و دود خیلی زیاده.

خانم و آقای جفرسون به کمک یک پلیس به گروهبان کیدی نزدیک شدند. پلیسِ همراه آنها، آن دو را به گروهبان کیدی معرفی کرد و گفت:

- آقا و خانم جفرسون، صاحب این خونه هستند ... میگن دخترشون باید توی خونه باشه.

خانم جفرسون با چشمانی اشک آلود و ملتمسانه جلوتر آمد و خطاب به گروهبان و آتشنشان گفت:

- دخترم ... دخترم اونجاست ... من مطمئنم.

گروهبان کیدی به آتش‌نشان نگاه کرد. آتش‌نشان با تأسف و ناامیدی سرش را به علامت منفی تکان داد. خانم جفرسون که فهمید دیگر امیدی به زنده بودن دخترش نیست، درحالیکه گریه می کرد با صدای بلند فریاد کشید:

- نه ... نه، دختر کوچولوی من توی آتیشه.

آقای جفرسون با التماس گفت:

- خواهش می کنم یه کاری بکنید، من یه مقدار مواد منفجره و آتیش بازی توی خونه دارم ... جون دخترم در خطره.

با این حرفِ آقای جفرسون، آتش‌نشان متوجه وخامت اوضاع شد و به گروهبان کیدی گفت:

- دیگه فرصتی نیست. اونجا هر لحظه ممکنه منفجر بشه. باید مردم رو از اینجا دور کنیم.

گروهبان کیدی به سمت پلیس ها رفت و با آنها صحبت کرد. پلیس ها شروع به عقب راندن مردم کردند. گروهبان بلندگوی دستی را به دست گرفت و خطاب به مردم گفت:

- خواهش می کنم از اینجا دور بشید. اینجا هر لحظه ممکنه منفجر بشه ... خواهش می کنم با ما همکاری کنید.

مسیح به خانم جفرسون نگاه می کرد. خانم جفرسون درحالیکه گریه می کرد، با التماس می گفت:

- دخترم ... دخترم ... به دختر کوچولوم کمک کنید.

هم همه ای در میان مردم براه افتاد. پلیس ها در یک صف مردم را به عقب میراندند و نمی گذاشتند کسی از مردم جا بماند. اما در این میان مسیح به صورت کاملاً ناباورانه ای از میان جمعیت و از بین پلیس ها بیرون آمد. خیلی عجیب بود، انگار اصلاً هیچ کس متوجه او نبود و او را نمی دیدند. او به طرف خانه در حال سوختن براه افتاد. در همین موقع گروهبان کیدی برگشت و متوجه مسیح شد که به سوی درب خانه می رفت. گروهبان کیدی با تعجب فریاد زد:

- اون داره کجا میره؟!

مردم و پلیس ها برای لحظه ای ساکت شدند. همه ی نگاه ها متوجه مسیح شد، حتی جسی هم که در میان جمعیت بود، تازه متوجه شد که مسیح در کنارش نیست. مسیح که به درب ورودی خانه نزدیک شده بود به آرامی قسمتی از لباسش را بر روی سرش کشید و در میان بهت و ناباوری مردم، وارد خانه ی در حال سوختن شد. گروهبان کیدی با دیدن این صحنه بر سر پلیس ها فریاد کشید:

- کی گذاشت اون رد بشه؟

دوباره هم همه ی مردم بالا گرفت. باز هم پلیس ها مردم را به عقب تر می راندند. در این میان جسی با نگرانی به خانه درحال سوختن نگاه می کرد که ناگهان صدای مهیبی از داخل خانه آمد و خانه منفجر شد. بر اثر انفجار، تکه های شکسته ی شیشه و چوب، از پنجره ها و درب خانه به بیرون پرتاب شدند. مردم وحشت زده یا بر روی زمین می افتادند یا به عقب تر فرار می کردند. عده ای هم پشت اتومبیل ها پناه می گرفتند. خوشبختانه فاصله ی مردم از خانه زیاد شده بود و اجسام پرتاب شده از خانه، به کسی آسیب نزد.

بعد از چند لحظه که اوضاع کمی آرام تر شد. جسی که در میان مردم بر روی زمین افتاده بود، با نگرانی برخاست و به خانه ی در حال سوختن نگاه کرد. حالا دود و آتش بیشتری از درب و پنجرهای خانه زبانه می کشید. مردم ساکت بودند و نگاههایشان متوجه خانه ی درحال سوختن بود و همه یک سؤال در ذهنشان داشتند: « آیا مردی که چند لحظه قبل از انفجار وارد خانه شده بود، سالم است؟ »

جسی که می دانست آن مرد مسیح است، از همه بیشتر نگران بود. چند لحظه به همین منوال گذشت. ناگهان در میان آتش و دودی که از درب خانه بیرون می آمد، سایه ی اندام مسیح پدیدار شد. او درحالیکه دختر بچه سه ساله ی آقای جفرسون را بر روی دستانش داشت و با لباسش بدن او را پوشانده بود، از درب خانه بیرون آمد. دو آتشنشان به سمت مسیح دویدند، بازوهای او را گرفتند و به او کمک کردند تا از خانه دور شود. سه پرستارِ آمبولانس هم یک تخت چرخدار را جلو آوردند. مسیح به کمک آنها دختر بچه را بر روی تخت چرخدار گذاشت و آنها تخت را به سمت آمبولانس بردند.

جسی با تقلای زیاد از محاصره پلیس بیرون آمد و به سمت مسیح دوید. چهره ی مسیح دود زده و خسته به نظر می آمد. جسی خودش را به مسیح رساند و بازوی او را گرفت. مسیح با لبخندی از او تشکر کرد. جسی او را به سمت آمبولانس برد و کمک کرد تا کنار درب عقب آمبولانس بنشیند. جسی از پرستار آمبولانس یک بطری آب و پارچه ی استریلی گرفت. او بطری آب را به مسیح داد و با پارچه ی استریل مشغول تمیز کردن، صورت مسیح شد. جسی درحالیکه صورت مسیح را پاک می کرد، فکر کرد که باید نگرانیش را به مسیح نشان دهد. به همین خاطر با ناراحتی گفت:

- البته درسته، من در مقامی نیستم که شما رو نصیحت کنم، ولی ...

مسیح نگاه معناداری به جسی کرد، جسی از نگاه مسیح شرمنده شد و با لحنی آرامتر ادامه داد:

- خب من ... من نگران سلامتی تونم.

صدای گریه‌ی خانم جفرسون از کمی آن طرف تر بلند شد. او و سه پرستار آمبولانس کنار تخت چرخدار ایستاده بودند و پرستارها مشغول مداوای دختربچه بودند. اما صدای گریه‌ی خانم جفرسون نشان می داد که اتفاق بدی رخ داده است. خانم جفرسون با فریاد از پرستارها می خواست که به دخترش کمک کنند. دو پرستار در حال دادن تنفس مصنوعی و احیاء دختر بچه بودند. پرستار سوم با گوشی پزشکی ضربان قلب دختر بچه را کنترل می کرد. مسیح و جسی از جلوی درب آمبولانس بلند شدند و عقب تر آمدند. یکی از پرستارها سیمهای دستگاه شوک الکتریکی را بیرون آورد و خیلی سریع به دختر بچه شوک دادند. یک بار، دوبار، سه بار، اما فایده ای نداشت. ظاهراً دختربچه خفه شده بود و سعی آنها در احیای او بی نتیجه بود. دو پرستار دیگر همچنان سعی می کردند که به او تنفس مصنوعی بدهند. اما بعد از چند لحظه آنها هم از دادن تنفس مصنوعی دست کشیدند و با چهره هایی مغموم به یکدیگر نگاه کردند. پرستار سوم درحالیکه گوشی پزشکی را از روی سینه دختربچه برمی داشت، با ناراحتی به خانم جفرسون گفت:

- متأسفم.

خانم جفرسون فریاد دلخراشی کشید و خودش را بر روی بدن بیجان دخترش انداخت. او با صدای بلند گریه می کرد. پرستارها از تخت فاصله

گرفتند. مسیح به تخت دختربچه نزدیک شد. خانم جفرسون در همان حالتی که گریه می کرد، می گفت:

- خدایا چرا دختر من؟ ... مگه من چه کار کردم؟ ... چرا؟ ...

مسیح به بدن بیجان دختربچه که بر روی تخت بود، نگاهی انداخت. او دستی به صورت دود زده ی دختربچه کشید و موهایش را از پیشانی اش عقب داد. سپس دست چپش را بالای سر، و دست راستش را بالای سینه ی دختر بچه گرفت. مسیح به آرامی چشمانش را بست و صورتش را رو به آسمان نمود. خانم جفرسون که تازه متوجه مسیح شده بود، درحالیکه اشک هایش را پاک می کرد، خودش را کمی عقب کشید. ناگهان نسیمی به آرامی موهای دختربچه را نوازش داد و همزمان صدای آسمانی دسته کُرکلیسا فضا را پرکرد. چند لحظه کوتاه گذشت و یک مرتبه انگشتان دختربچه کمی حرکت کردند. خانم جفرسون حیرت زده به حرکت انگشتان دخترش نگاه می کرد. دختربچه آرام آرام چشمانش را باز کرد و بعد از لحظاتی درحالیکه بغض کرده بود، گفت:

- مامانم ...

مسیح به آرامی دستانش را عقب کشید و مهربانانه به خانم جفرسون و به دختربچه نگاه کرد. خانم جفرسون کاملاً شوکه شده بود. او ناباورانه و حیرت زده به مسیح و به دخترش نگاه می کرد. سپس جلو آمد و دخترش را در آغوش گرفت و درحالیکه همراه گریه می خندید، فریاد زد:

- دخترم زنده است ... خدا رو شکر ... اون زنده است.

پرستارها با عجله به سمت تخت دختربچه آمدند و سعی کردند تا دخترک را در آغوش مادرش معاینه کنند. حالا آتشنشان ها توانسته بودند، جلوتر بروند و آتش را بهتر مهار کنند. به همین خاطر پلیسها جلوی مردم را رها کردند. عده ای از مردم هم کنجکاوانه جلو آمدند و دور تخت دختر بچه جمع شدند.

در کنار تخت، پرستاری که گوشی پزشکی داشت، بعد از معاینه ی دختربچه در آغوش مادرش با تعجب و ناباوری گفت:

- من خودم اونو معاینه کردم. اون مرده بود!

خانم جفرسون که خوشحالی در چهره اش موج می زد، به مسیح اشاره کرد و گفت:

- این آقا کمکش کرد.

گروهبان کیدی کمی جلوتر آمد و درحالیکه دستی به چانه اش می کشید، سرو وضع مسیح را برانداز کرد. همزمان با او مردمی هم که جمع شده بودند، مسیح را برانداز می کردند و با هم درباره او حرف می زدند. گروهبان کیدی متفکرانه مسیح را خطاب قرار داد:

- اول، اون انفجار ... که نمی دونم، چطور ازش سالم بیرون اومدی؟! ... حالا هم این بچه! ... می تونم بپرسم اسمتون چیه؟

مسیح با تبسم گفت:

- فرض کن، من هم بنده ای هستم از بندگان خدا.

سپس مسیح به همراه جسی به آرامی به راه افتادند و در حال عبور از کنار گروهبان بودند که گروهبان بازوی مسیح را گرفت و محکم گفت:

- ولی من می خوام بدونم اسمتون چیه؟

جسی به سرعت دست گروهبان را از بازوی مسیح جدا کرد و با ناراحتی به او گفت:

- مواظب رفتارتون باشید. ایشون حضرت مسیح هستند.

گروهبان و مردمی که در اطراف آنها بودند، از این حرف جسی یکه خوردند. آنها ناباورانه و متعجب به مسیح نگاه می کردند. مسیح نگاه معنا داری به جسی انداخت. جسی از اینکه بدون اجازه، مسیح را معرفی کرده بود، خجالت زده سرش را پایین انداخت. گروهبان کیدی گیج و متعجب گفت:

- درست شنیدم؟! مسیح؟!

مردم بیشتر و بیشتر دور آنها جمع می شدند و هم همه می کردند. گروهبان کیدی باز هم پرسید:

- تو ... مسیحی؟!

مردم با صدای بلند با هم بحث می کردند. باور کردنش برای همه سخت بود. آنها به هم می گفتند:

- چطور ممکنه ؟! ... آیا راست میگه ؟! ... مسیح ؟! ... اون هم اینجا!؟ ...

گروهبان کیدی با علامت دستانش مردم را آرام کرد. سپس رو به مسیح گفت:

- می خواید بگید که شما، همون حضرت مسیح موعود هستید؟

مسیح رو به او و مردم جواب داد:

- بله ... من مسیح هستم که به امر خداوند باز هم اومدم تا رسالت تازه ام رو به انجام برسونم.

مردم ساکت و مبهوت به مسیح نگاه می کردند و هر کدام رفتار متفاوتی داشتند. یکی با شوق به او نگاه می کرد و یکی با تردید نگاهش را از مسیح می دزدید. یکی با کنجکاوی جلوتر می آمد تا مسیح را بهتر ببیند و یکی با وحشت علامت صلیبی بر سینه اش می کشید و عقب می رفت. یکی هم با تأسف سرش را تکان می داد و ناسزا می گفت. بعضی ها هم بی تفاوت بودند و فقط نگاه می کردند. همزمان که مردم این رفتار را از خودشان نشان می دادند، مسیح در میان آنها می چرخید و به آنها نگاه می کرد. مردم هم درحالیکه ناباورانه به او نگاه می کردند هر کدام نظرهایشان را می گفتند:

- یعنی این خود مسیحه؟! ... مسیح اونم تو شهر ما؟! ... شاید هم واقعاً مسیح باشه؟! ... به حق چیزهای ندیده؟! ... شاید آخر زمان شده؟! ... شاید دروغ می گه ... و ...

جسی که از این شک ها و تردیدها حوصله اش سر رفته بود، محکم رو به مردم گفت:

- بله ... اون خودِ مسیحه ... باور کنید.

گروهبان کیدی باز هم با حرکت دستانش مردم را دعوت به آرامش کرد و این بار با جدّیت بیشتری رو به مسیح گفت:

- ببینید آقا ... من خودم یک مسیحی معتقد هستم و دوست ندارم کسی با مقدساتم شوخی کنه، یا اونو به بازی بگیره. این رو هم می دونم که حضرت مسیح زنده است، و

بالاخره یک روز به إذن خدا میآد. ولی می دونم که اگه حضرت مسیح بیاد با خودش معجزات بزرگی به همراه داره ...

باز هم صدای هم همه مردم بالا رفت آنها حرفهای گروهبان کیدی را تصدیق می کردند. بعد از چند لحظه مسیح رو به مردم گفت:

- و اگه خداوند، مسیح رو فقط برای رسوندن پیامش، به سوی شما فرستاده باشه، چی؟...

انگار آبی بر روی آتش ریخته باشند، صدای هم همه مردم خاموش شد. آنها جوابی نداشتند که به مسیح بدهند. مسیح به دنبال جوابی از مردم، در میان شان می چرخید. به چهره هایشان نگاه می کرد و با حرکت سرش از آنها پاسخ می خواست. ولی مردم ساکت بودند. مسیح که مردم را اینگونه دید، گفت:

- نجات اون دختربچه، معجزه نیست؟

باز هم مردم ساکت بودند و نمی دانستند چه جوابی بدهند. چون اصلاً نفهمیده بودند که مسیح دختر بچه را دوباره زنده کرده است و فقط خانم جفرسون این صحنه را از نزدیک دیده بود. همه ی آنها در باورهای دینی شان آموخته بودندکه مسیح معجزات فراوانی دارد، پس نمی توانستند فقط به نجات یک بچه بسنده کنند. اصولاً مردم مسیح را با معجزهایش شناخته بودند نه با سخنانش، پس معجزات بیشتر و بزرگتری از مسیح می خواستند تا باورش کنند. به همین خاطر یکی از مردم گفت:

- اگه شما واقعاً مسیح هستید، پس می تونید معجزه ی بزرگتری بکنید و اونوقت ما حرفتون رو باور می کنیم.

مردم با سر و صدا حرفهای مرد را تأیید می کردند، همه ی آنها همین گونه فکر می کردند. شاید هم نمی شد زیاد به مردم خورده گرفت، چون آنها اینگونه مسیح را شناخته بودند. کم کم مردم آرام شدند تا ببینند که مسیح چه جوابی می دهد. مسیح وقتی اوضاع را اینگونه دید، لحظه ای مکث کرد. همه ساکت و منتظر به او چشم دوختند. برای لحظاتی مسیح آرام به آسمان نگاه کرد. چهره اش حالت زیبایی داشت، انگار به ملکوت وصل شده بود. سپس آرام گفت:

- باشه ... معجزه می کنم ... من کسوف می کنم.

هم همه ی مردم بالا گرفت. هر کسی چیزی می گفت:

- کسوف می کنه؟! ... چطوری؟! ... یعنی واقعاً مسیحه؟! ... یعنی ...

بقیه هم به همین منوال اظهار نظر می کردند که ناگهان صدای مسیح آنها را به خودشان آورد. مسیح گفت:

- هر کسی که می خواد معجزه ی کسوف رو ببینه، دنبال من بیاد ... اون طرف پل بزرگ ...

گروهبان کیدی با تعجب پرسید:

- چرا، اون طرف پل بزرگ؟!

مسیح جواب داد:

- خب، شما برای شنیدن پیام خداوند معجزه خواستید ... این هم شرط معجزه است.

یکی از مردم گفت:

- اومدیم و تو دروغ گفتی ... اونوقت چی؟

بقیه ی مردم حرف او را تأیید کردند. مسیح گفت:

- تا پل بزرگ که فاصله ای نیست و شما با آومدنتون چیزی رو از دست نمی دید ... اما اگه به اونجا بیاید و پیام خداوند رو بشنوید، بعد از اون معجزه ی کسوف رو خواهید دید ... این وعده ی خداوندِ.

این بار صدای هم همه ی مردم نشان می داد که ظاهراً شرط مسیح را پذیرفته اند. آنجا شهر کوچکی بود و غالباً اتفاق خاصی در شهر نمی افتاد. مردم اغلب بی کار بودند و منتظر موضوع جدیدی بودند تا آنرا پیگیری کنند و حالا این موضوع برایشان هم جالب بود و هم دیدنی. آنها به هم می گفتند:

- خوبه ... خوبه ... ما که چیزی رو از دست نمی دیم ... شاید راست بگه به دیدنش می ارزه ... میریم ... آره می آیم ... می آیم ...

گروهبان کیدی که دید مردم می خواهند به دنبال مسیح به راه بیفتند و ممکن است نظم شهر به هم بخورد، بازوی مسیح را گرفت و او را کمی از جمعیت کنار کشید و گفت:

- ببینید ... من در این شهر کوچیک مسئول نظم و آرامش هستم و هر کسی که بخواد این نظم رو به هم بزنه، جلوش رو می گیرم.

مسیح به آرامی گفت:

- من قصد بی نظمی ندارم ... من واقعیت رو گفتم ... اما بهتر شما که به دنبال نظم هستید یه سری به آزمایشگاه جاده قدیمی بزنید.

گروهبان کیدی متفکرانه کمی به مسیح نگاه کرد. سپس یکی از پلیسها را به نام " **تامی** "صدا زد. تامی جلو آمد و گفت:

- بله گروهبان؟

گروهبان کیدی به او گفت:

- با یکی از بچه ها به جاده قدیمی برید و یه سری به آزمایشگاه پروفسور اندرسون بزنید، ببینید اونجا چه خبره ... (با تأکید) تامی ... با احتیاط به اونجا نزدیک بشید و سریع منو در جریان بذارید.

تامی اطاعت کرد و رفت. در همین حال مسیح خواست که به سمت جمعیت برود که گروهبان کیدی باز هم به او گفت:

- من مراقبت هستم.

مسیح لبخندی زد و به طرف جسی که جلوی جمعیت منتظرش ایستاده بود، رفت. مردم راهی در میان خودشان برای عبور مسیح باز کردند. در حالیکه مسیح به همراه جسی از میان مردم عبور می کرد، بعضی از مردم برای تبرک دستشان را به لباس مسیح می مالیدند. بعضی دیگر علامت صلیب بر سینه شان می کشیدند و دعا می خواندند. اما بعضی ها هم به او شک داشتند. آنها با ناراحتی سرشان را تکان می دادند و درحالیکه برای مسیح متأسف بودند، به او دشنام و ناسزا می گفتند:

- این مرد بی دین و ایمان است ... شیاد است ... دروغگوست ... و ...

و در آخر لعنت خدا را برای او می خواستند. اکثریت مردم هم که اصلاً به دین و ایمان کاری نداشتند. آنها فقط به دنبال حادثه و سرگرمی بودند و به مسیح می گفتند:

- تا پل راه زیادی نیست ... به دنبالت می آیم ... ارزش دیدن رو داره ...

اما مسیح درحالیکه از میانشان عبور می کرد، فقط به آنها می نگریست و لبخند می زد. بالاخره مسیح به انتهای جمعیت رسید و از میان آنها بیرون آمد. جمعیت در پشت سرش بودند که خانم جفرسون در حالیکه دختر بچه اش را در آغوش داشت به همراه همسرش به طرف او آمد. اشک شادی در چشمان خانم جفرسون دیده می شد. او با احترام به مسیح گفت:

- نمی دونم که شما واقعاً کی هستید ... فقط می دونم که اگه نبودید، دختر ما الآن زنده نبود.

مسیح با مهربانی دستی به موهای دختربچه کشید و با ملاطفت گفت:

- کاش وقتی سهل انگاری می کنید، خداوند رو مقصر ندونید ... ما مسئول اعمال مون هستیم.

مسیح از کنار خانم جفرسون عبور کرد و به دنبالش جسی و جمعیت به راه افتادند. خانم جفرسون با چهره ای ذوق زده دخترش را در آغوشش فشرد و به یادش آمد که بالای سر جسم بی جان دخترش از خداوند شکایت می کرد و سهل انگاری خودش و شوهرش را در آتش سوزی، به پای خداوند می گذاشت. او تازه مفهوم حرفهای مسیح را فهمید و برای لحظه ای از خودش خجالت کشید، چهره اش قرمز شد و درحالیکه به رفتن مسیح و جمعیت نگاه می کرد با خودش گفت:

- به خدا که او، مسیحه موعودِ ...

***

اما در داخل اتاق کنترل آزمایشگاه خبرهای دیگری بود. چارلز بر روی مبلش نشسته بود و اریکسون و محافظان در پشت سرش ایستاده بودند. دکترها و کارکنان دیگر هم هر کدام در جای خودشان مشغول کار بودند. بر روی صفحه ی یکی از مانیتورهای کوچک ارقام نشان دهنده سال کمتر و کمتر می شد، بعد از چند لحظه چراغهای چشمک زن دستگاه خاموش شدند و سر و صدای دستگاه قطع شد. چارلز با اضطراب گفت:

- چه اتفاقی افتاده؟!

دکتر فورد جواب داد:

- نوبت مرحله ی بعدِ.

دکتر فورد چند دکمه را بر روی صفحه کلید مقابلش فشار داد و دستگیره ی دستگاه را پایین کشید. چراغهای چشمک زن دستگاه شروع به کار کردند. برای آنها لحظه ی سرنوشت سازی بود. همه ی نگاهها متوجه مانیتور بزرگ و تصویر اسکلت هیتلر بود.

بر روی استخوانهای اسکلت هیتلر، گوشت، عضله و رگهای خونی به آرامی در حال روئیدن بودند. شاید برای اولین بار بود که نوع بشر شاهد به وجود آمدن خودش بود. بعد از کامل شدن عضلات و قسمتهای داخلی، کم کم پوست روی تمام سطح بدن هیتلر را پوشاند و بالاخره چهره ی هیتلر کامل و مشخص شد. بر روی مانیتور کوچک ارقام نشان دهنده سال به صفر رسید. ناگهان چراغهای چشمک زن دستگاه خاموش شدند و سرو صدای دستگاه قطع شد. سکوتی محض همه جا را فرا گرفت. همه به چهره ی هیتلر بر روی مانیتور نگاه می کردند و از ذهنشان می گذشت که: « واقعاً او زنده هم می شود یا اینکه آنها فقط توانسته اند جسمش را درست کنند.»

لحظه دلهره آوری بود، چهره ی هیتلر بی روح و بیجان به نظر می آمد که ناگهان هیتلر چشمانش را باز کرد.

در اتاق کنترل همه با شادی به هوا پریدند. اریکسون با خوشحالی فریاد زد:

- قربان ما موفق شدیم.

دکترها بدون اینکه فکر کنند که چه کاری کرده اند و چه کسی را آورده اند، شاد بودند و به یکدیگر تبریک می گفتند. چارلز شادمانه با خودش گفت:

- بالاخره اومد.

با اینکه چارلز از همه خوشحال تر بود، اما بعد از چند لحظه خودش را جمع و جور کرد و به اریکسون گفت:

- با پایگاه اتمی تماس بگیر ... بگو هر چه زودتر عملیات رو شروع کنند.

اریکسون با حرکت سرش اطاعت کرد. او درحالیکه به صفحه ی مانیتور بزرگ و به هیتلر اشاره می کرد، گفت:

- برای ایشون چه دستوری دارید؟

چارلز با طمأنینه جواب داد:

- من در اتاق کنفرانس منتظر هستم ... حسابی توجیحش کن و بیارش اونجا ... ما باید هر چه زودتر نقشه مونو عملی کنیم.

حالا چشمان چارلز برق عجیبی می زد و غرور سراپایش را فرا گرفته بود. زیرا نقشه های شیطانی اش کم کم در حال عملی شدن بودند. به همین خاطر مغرورانه دستش را مشت کرد و گفت:

- دیگه دنیا در چنگ منه.

***

چند لحظه بعد در داخل پایگاه ساخت موشک های اتمی که آن طرف پل بزرگ بود، توطئه ی نقشه های چارلز در حال عملی شدن بود.

فرمانده ی حفاظت پایگاه اتمی " **سرهنگ میشل هافمن** " در اتاقش و پشت میز کارش مشغول نوشتن بود که "**ستوان هاپکینز** " و دو سرباز کماندو پشت درب اتاق فرماندهی رسیدند. ستوان هاپکینز چند ضربه به درب زد و گفت:

- قربان، ستوان هاپکینز هستم.

سرهنگ هافمن با صدای بلند گفت:

- بیا تو ستوان.

ستوان هاپکینز درب اتاق را باز کرد و به همراه یکی از کماندو ها وارد اتاق شد. کماندوی دیگر پشت درب ایستاد تا مراقب بیرون باشد. ستوان و کماندو جلو آمدند و با احترام پا جفت کردند. سرهنگ هافمن بدون توجه به آنها مشغول نوشتن بود. بعد از چند لحظه سرهنگ قلمش را کنار گذاشت و خطاب به هاپکینز گفت:

- چی شده ستوان؟

هاپکینز مؤدبانه گفت:

- قربان ، آقای چارلز کولبی، برای آخرین بار می خواستند بدونند که همکاری می کنید یا نه؟

سرهنگ با ناراحتی جواب داد:

- نه ... این غیرممکنه ... اون چی فکر کرده؟

سپس سرهنگ با تردیدی خاص از جایش برخاست. زیرا کسی از حرفهای مابین او و چارلز با خبر نبود و حالا این حرفها را از دهان هاپکینز می شنید. او درحالیکه با شک و تردید به ستوان نگاه می کرد، رو برویش ایستاد.

در همین لحظه سرباز کماندو آرام پشت سر سرهنگ رفت. سرهنگ نگاه معنی داری به ستوان انداخت زیرا با حرفی که از او شنید، یقین حاصل کرد که ستوان جاسوس چارلز است. پس به او گفت:

- پس تو هم با اونهایی ... برو و به اون پست فطرت بگو من به کشورم خیانت نمی کنم.

در همین لحظه سرباز کماندو ضربه ای به پشت سر سرهنگ زد، سرهنگ بیهوش شد و افتاد.

هاپکینز به سرباز کماندو اشاره کرد و گفت:

- آستینش رو بالا بزن.

هاپکینز سرنگی را که محتوی دارو بود، در جلوی صورتش هواگیری کرد. تزریق این دارو باعث سکته ی سرهنگ میشد. هاپکینز با خنده ی زشتی گفت:

- مثل اینکه مرده ات بیشتر با ما همکاری می کنه.

سپس سرنگ را در بازوی سرهنگ تزریق کرد.

✳✳✳

آن دو پلیسی را که گروهبان کیدی برای بررسی وضعیت آزمایشگاه پروفسور فرستاده بود، حالا به صدمتری آزمایشگاه رسیده بودند. تامی که راننده بود آرام اتومبیلش را از جاده بیرون کشید و ایستاد. سپس با یک دوربین شکاری به سمت آزمایشگاه نگاه کرد. همه چیز ساکت و آرام بود. هیچ تردد یا حرکت مشکوکی در اطراف آزمایشگاه و سوله دیده نمی شد. تامی گفت:

- خیلی ساکته اصلاً خوشم نمیاد ... باید پیاده بریم و به اونجا یک سری بزنیم.

آنها اتومبیل را در گوشه ی پرتی از جاده که دید نداشت، گذاشتند و در حالیکه مراقب اطراف بودند، پیاده به سمت آزمایشگاه رفتند.

✳✳✳

در همان لحظه در اتاق کنفرانس آزمایشگاه، چارلز بر روی صندلی نشسته و انتظار می کشید. با اینکه در اتاق، میز بزرگی قرار داشت اما چارلز ترجیح داده بود، کنار یک میز کوچک بنشیند و صندلی دیگری را هم روبرویش قرار داده بود. بر روی دیوار نقشه بزرگی از همان منطقه دیده می شد. ناگهان درب اتاق باز شد. اریکسون که لباس نظامی پوشیده بود، وارد اتاق شد و با کمی فاصله از درب ایستاد. سپس دست راستش را به علامت سلام نظامی هیتلر بالا برد و با صدای بلند گفت:

- های هیتلر.

هیتلر هم درحالیکه لباس نظامی به تن داشت با طمأنینه و تکبر خاص خودش وارد اتاق شد و ایستاد. چارلز از جایش برخاست. دست راستش را به علامت سلام نظامی بالا برد و با صدای بلند گفت:

- های هیتلر.

اما هیتلر بدون توجه به او با کنجکاوی اطراف را برانداز کرد. سپس با بی میلی دست راستش را به علامت جواب سلام نظامی بالا برد و پایین آورد.

بر روی کمر هیتلر و اریکسون اسلحه ی کُلت دیده می شد. اریکسون با احترام، هیتلر را به سوی چارلز راهنمایی کرد. هیتلر به سمت چارلز آمد. اریکسون به چارلز اشاره کرد و گفت:

- ایشون همون آقای چارلز کُلبی هستند که براتون توضیح دادم.

چارلز دست راستش را برای دست دادن به طرف هیتلر دراز کرد و با خوشحالی گفت:

- از دیدن تون خوشوقتم.

هیتلر با تردید و خیره به چارلز نگاه کرد و با کمی مکث و بی میلی دستش را جلو آورد. چارلز محکم دست هیتلر را گرفت و درحالیکه آن را با هیجان تکان می داد، گفت:

- دنیای یکپارچه ی ما ... زیر سایه ی پرچم نازی ... با نژادی برتر که دنیا رو تصاحب می کنه ... بزرگ ترین آرزوی زندگی من و شما.

هیتلر با اخم دستش را از دست چارلز رها کرد و کمی عقب کشید. سپس با تردید گفت:

- بعید می دونم یک سرمایه دار، ثروت و منافعش رو به خاطر این شعارها به خطر بندازه!

چارلز محکم گفت:

- اما من در گفته هام جدی هستم.

هیتلر با همان شک و تردید ادامه داد:

- خوشم نمیاد کسی منو احمق فرض کنه ... بهتره برید سر اصل مطلب.

در همین چند لحظه هیتلر به راحتی به عمق شخصیت چارلز پی برده بود و این نشان می داد که او چقدر باهوش است. از طرفی چارلز هم فهمید که با آدم زیرکی روبروست. کسی که خودش سیاستمداری بزرگ و مردی قدرتمند بوده است. پس نمی شد با او مثل آدم های ساده لوح رفتار کرد. به همین خاطر دیگر چارلز نمی توانست چیزی را مخفی کند. پس با دلخوری گفت:

- درسته ... واقعیت اینه، که اتحاد بین من و شما به نفع هر دوی ماست. شما به شعارهای نژادی تون جامه ی عمل می پوشونید و به رهبری دنیا می رسید و من هم به سودهای اقتصادی خودم میرسم.

حالا هیتلر راضی تر به نظر می آمد. او با حرکت سرش نشان داد که پیشنهاد چارلز را پذیرفته و گفت:

- حالا نقشه تون چیه؟

چارلز با احترام از هیتلر خواست که بنشیند. بعد از اینکه هر دو نشستند، اریکسون به طرف نقشه روی دیوار رفت. او با یک ماژیک بر روی نقشه نقاطی را مشخص کرد و درحالیکه شروع به توضیح دادن می کرد، از ماژیک برای نشان دادن مسیر استفاده می کرد. او گفت:

- ما الان در اینجا هستیم. در سر راه ما یک شهر کوچک به اسم شهر سیاه قرار داره و بعد از شهر یک پل بزرگ و بعد از اون پایگاه ساخت موشک های اتمی ... ما به همراه ۴۰ تانک و نفربر از اینجا حرکت می کنیم. به طور متوسط ۳۰ دقیقه طول می کشه تا به شهر برسیم و بعد باید شهر رو دور بزنیم که جاده ی کاملاً خلوتی داره و بعد از روی پل عبور کنیم و پایگاه اتمی رو که اونطرف پله، تسخیر کنیم. در این پایگاه بزرگ ترین موشک های اتمی با بردهای بسیار بالا نگه داری میشه. ما با اون موشک ها می تونیم هر نقطه ای از دنیا رو که بخوایم هدف قرار بدیم ... نظرتون چیه؟

هیتلر آرام و متفکرانه گفت:

- پس موشک اتمی هم ساخته شده؟!

اریکسون با هیجان گفت:

- بله قربان ... دیگه مثل گذشته لازم به لشکرکشی و اون همه دردسر نیست. حالا با فشار دادن یک دکمه می تونید یک شهر بزرگ چند میلیونی رو نابود کنید.

هیتلر با تأسف گفت:

- آه ... اگه این سلاح رو من داشتم؟

اریکسون ادامه داد:

- حالا هم این سلاح در اختیار شماست، فقط باید پایگاه اتمی رو تسخیر کنیم.

هیتلر کمی به وجد آمده بود. او با اشتیاق بیشتری پرسید:

- میشه نقشه تون رو بیشتر توضیح بدید؟

اریکسون با هیجان توضیح داد:

- برای توجیح بیشتر شما باید بگم، که هیچ نیروی نظامی در این ۳۰ دقیقه نمی تونه به ما برسه و جلوی ما رو بگیره. چون فاصله پایگاه های نظامی زمینی و هوایی از ما خیلی زیاده و هیچکس هم از حرکت ما مطلع نیست. اونها تا بخوان متوجه ما بشن، ما از شهر هم گذشتیم و اونها دیگه وقتی ندارن که به ما حمله کنند. حتی بعد از تسخیر اونجا هم نمی تونند به ما حمله کنند. چون اگه پایگاه رو هدف قرار بدند، دنیا با یک فاجعه ی بزرگ اتمی روبرو میشه.

هیتلر گفت:

- اما معلومه که یک پایگاهِ به این مهمی باید از داخل و اطراف خیلی خوب محافظت بشه. اونجا باید از سیستم های دفاعی خوبی برخوردار باشه. پس وارد شدن به اونجا خیلی سخته.

اریکسون جواب داد:

- نکته مهم همین جاست قربان ... همین حالا افراد ما فرمانده ی حفاظت پایگاه رو کشتند و همه ی سیستم های دفاعی پایگاه رو از کار انداختند. ارتباط اونها با بیرون قطع شده. به همین خاطر داخل پایگاه کاملاً به هم ریخته. فقط ممکنه عده ی کمی از اونها بخوان با سلاحهای سبک در

مقابل ما مقاومت کنند که ما با تانک ها و افرادمون خیلی راحت می تونیم باهاشون برخورد کنیم و وارد اونجا بشیم.

هیتلر گفت:

- همه ی نقشه تون همینه؟

چارلز جواب داد:

- بعد از تسخیر اونجا یک شبکه ی تلویزیونی سخنرانی های شما رو مستقیماً برای مردم پخش می کنه و شما با قدرت کلام و سخنوری تون می تونید مردم رو به سمت خودتون جذب کنید ... طرفدارهای شما از همه جای دنیا به ما ملحق می شند.

هیتلر با ناباوری گفت:

- طرفدارای من؟!

چارلز با هیجان بیشتری ادامه داد:

- بله ... و همزمان، دست نشانده های من در دولت، مردم رو به حمایت از شما تحریک می کنند و دولت خودبخود به شما واگذار میشه.

هیتلر که به وجد آمده بود، برخاست و گفت:

- مردم از من حمایت می کنند؟!

چارلز هم برخاست و گفت:

- درسته.

هیتلر که انگار گذشته به یادش آمده بود، با کمی دلخوری و ناباورانه گفت:

- بعد از فاجعه جنگ جهانی دوم، هنوز هم کسی هست که از من طرفداری کنه؟

چارلز جواب داد:

- بله، شما طرفداران زیادی دارید. نه تنها در این کشور، بلکه در کشورهای مختلف دنیا ... هنوز هم عده ی زیادی هستند که دَم از نازیسم و نژاد برتر می زنند. هنوز هم عده ی زیادی هستند که از عقاید شما پیروی می کنند. اونها با رهبری شما بزرگ ترین ارتش دنیا رو تشکیل میدند و شما با قدرت موشکهای اتمی می تونید، دنیا رو تسخیر می کنید.

هیتلر که معلوم بود، اعتماد به نفسش را دوباره پیدا کرده است، با کمی تکبر گفت:

- فکر می کردم بعد از اون همه کشتار و خونریزی که به خاطر عقاید من به راه افتاد، دیگه هیچ کس از من پیروی نکنه ... اما ... اما حالا می بینم که این همه طرفدار دارم.

چشمان هیتلر از غرور برق می زد. او با شور و حرارات ادامه داد:

- بله ... چرا که نه؟ اگه لازم بشه با موشکهای اتمی تمام دنیا رو به خاک و خون می کشم تا درستی عقایدم رو ثابت کنم ... و انتقامم رو از دشمنانم بگیرم و ... و تنها قدرت دنیا بشم.

***

چند دقیقه بعد تامی و همکارش با احتیاط اطراف آزمایشگاه را بازرسی می کردند که دیدند، اتومبیل جیپ نظامی بدون سقفی از پارکینگ آزمایشگاه خارج شد. هیتلر برصندلی عقب و اریکسون به همراه یک راننده در جلوی آن جیپ نشسته بودند.

تامی و همکارش مخفی شدند تا دیده نشوند. جیپ، بعد از یک مکث کوتاه در کنار جاده ی آسفالته، از عرض آن گذشت و به سمت سوله بزرگ آن طرف جاده رفت. درب سوله باز شد و جیپ وارد آنجا شد. سپس درب سوله بسته گردید.

حالا دیگر تامی و همکارش کاملاً مشکوک شده بودند. به همین خاطر با احتیاط و طوری که دیده نشوند، از محوطه آزمایشگاه بیرون آمدند و به آن طرف جاده و به سمت سوله بزرگ دویدند. کنار دیوار سوله چند بشکه قرار داشت. آنها کنار بشکه ها رفتند و پشت بشکه ها مخفی شدند. در پشت بشکه ها و بر روی دیوار سوله پنجره ای دیده میشد که بعضی از شیشه های آن شکسته بود. تامی به آرامی و با احتیاط از قسمت شکسته ی یکی از شیشه ها به داخل سوله نگاه کرد. او دید که هیتلر در عقبِ همان جیپ ایستاده است و با صدای بلند حرف می زند و عده ی زیادی مرد، با لباسهای نظامی مانند سربازها جلوی هیتلر، در چند صف، خبردار ایستاده اند. همچنین تامی تانک ها و نفربرها را دید که دورتادور داخل سوله پارک شده اند.

هیتلر درحالیکه دستانش را در هوا می چرخاند، محکم و با صلابت برای سربازها سخنرانی می کرد و می گفت:

- ... حرکت امروز شما در تاریخ ثبت خواهد شد. نام شما جزء بهترین مردان این کشور قرار خواهد گرفت. شما از امروز تاریخ دنیا را عوض خواهید کرد. هیچ کس نمی تونه

جلوی شما و هدف تون رو بگیره. چون شما از بهترین و برترین مردم دنیا هستید. هدف ما امروز پایگاه اتمی و فردا همه دنیا خواهد بود.

سربازها به وجد آمده بودند و همگی هورا می کشیدند. هیتلر ادامه داد:

- هر کدوم از شما که امروز منو یاری کنه در آینده فرمانده یک ارتش یا فرمانروای یک کشور خواهد بود.

باز هم سربازها با هم هورا کشیدند. هیتلر درحالیکه دستش را محکم در هوا می چرخاند، گفت:

- سربازانِ من ... پیش به سوی پیروزی.

مردان نظامی با سروصدا به طرف تانک ها و نفربرها دویدند و خیلی سریع سوار شدند. جیپ هیتلر دور زد. درب سوله باز شد و جیپ بیرون رفت. تانک ها و نفربرها و کامیون ها به ترتیب و پشت سر هم به دنبال جیپ هیتلر به راه افتادند. بر روی تانک ها و نفربرها علامت صلیب شکسته نازی دیده میشد.

❊❊❊

در یکی از خیابان های شهر سیاه، مردم با فاصله ی کمی پشت سر مسیح در حال حرکت بودند و پشت سر جمعیت گروهبان کیدی در یک اتومبیل پلیس نشسته و پلیس دیگری در کنارش مشغول رانندگی بود.

اتومبیل گروهبان کیدی به آرامی پشت سر جمعیت حرکت می کرد که تامی با بی سیم خبر حرکت ستون زرهی را به گروهبان داد. اتومبیل گروهبان سریع دور زد و دور شد.

ولی در جلوی جمعیت، مسیح به همراه جسی در میان خیابان به پیش می رفتند و رفته رفته بر تعداد جمعیت افزوده میشد. در پیاده رو، اکثر مغازه ها یکی یکی بسته می شدند و مغازه دارها به جمعیت می پیوستند. بعضی ها هم بی تفاوت به مسیح و جمعیت نگاه می کردند و به کارشان ادامه می دادند. عده ای از عابرین با حرکت سرشان به مسیح سلام می دادند و مسیح هم مهربانانه با حرکت سرش پاسخ آنها را می داد. این جنجال و شلوغی برای مردم شهر سیاه که معمولاً شهرشان ساکت و بی سرو صدا بود، بسیار عجیب و در عین حال جذاب بود. به همین خاطر مردم کارهای روز مره شان را رها می کردند تا این موضوع را پیگیری کنند.

بعضی از مردمِ میان خیابان، هیجان زده با عابرینِ بی خبر صحبت می کردند و در حالیکه موضوع را برایشان توضیح می دادند، از آنها می خواستند تا جمعیت را همراهی کنند. بعضی از آنها هم به جمعیت می پیوستند.

کمی جلوتر از جمعیت زن میانسالی که ویلچر پسر فلجش را هل می داد، با عجله از میان پیاده رو وارد خیابان شد و به سوی مسیح آمد. بر روی ویلچر یک پسرِ فلجِ حدوداً هفده ساله نشسته بود. مسیح او را دید و ایستاد. جمعیت هم با حفظ فاصله ایستادند. زن، ویلچر را جلوی مسیح نگه داشت. جوان فلج با لحنی مظلومانه و تا حدی مشتاقانه به مسیح گفت:

- سلام آقا.

مسیح مهربانانه جواب داد:

- سلام پسرم.

جوان فلج به مادرش اشاره کرد و گفت:

- مادرم میگه ... شما گفتید که حضرت مسیح هستید؟

مسیح نگاه مهربانانه ای به مادر جوان فلج انداخت و جواب داد:

- درسته پسرم.

جوان با شوق ادامه داد:

- اون میگه می خواید معجزه کنید ... چی بهش میگن؟ ... آها، می خواید کسوف کنید؟

مسیح به آرامی گفت:

- به امید خدا.

جوان فلج که دیگر نمی توانست جلوی احساساتش را بگیرد، ذوق زده گفت:

- اگه شما کسوف کنید ... یعنی واقعاً حضرت مسیح هستید ... پس می تونید پاهای من رو هم خوب کنید.

مادر جوان فلج با لحنی ملتمسانه به مسیح گفت:

- اون خیلی دوست داره راه بره.

مسیح جلوی ویلچر جوان فلج نشست و مهربانانه گفت:

- پسرم من هرکاری رو که خدا اراده کنه، انجام میدم.

جوان فلج گفت:

- نمی خوام فکرکنید که فرصت طلبم ... و چیز زیادی می خوام ... اما دست خودم نیست. خیلی دوست دارم مثل

بقیه روی پاهام بایستم ... اگه شما واقعاً مسیح هستید پس می تونید از خداوند بخواید که پاهای منو خوب کنه؟

مسیح نفس عمیقی کشید و بعد از کمی مکث گفت:

- اگه دنبال من به اون طرف پل بزرگ بیای از خدا می خوام تا پاهات رو شفا بده.

جوان فلج با خوشحالی و با صدای بلند گفت:

- باشه، میام.

مسیح آرام برخاست و به آسمان نگاه کرد.

❋❋❋

حالا گروهبان کیدی حرکت ستون زرهی را به همه اطلاع داده و درخواست کمک کرده بود. به همین خاطر کیلومترها آن طرف تر و در یک پایگاه کماندویی ارتش، در دفتر فرماندهی جلسه اضطراری برگزار شده بود.

دو افسر پایگاه " **سرگرد گیوم** " و " **سرگرد کرولی** " دور میز بزرگی نشسته بودند و مشغول بررسی اوضاع بودند که فرمانده ی پایگاه " **سرهنگ مک کارتی** " وارد اتاق شد. افسرها از جایشان بلند شدند و خبردار ایستادند. سرهنگ سریع به طرف صندلیش رفت و نشست و اجازه داد تا افسرها بنشینند. سپس با اضطراب گفت:

- حتماً می دونید که وضعیت چقدر وخیمه؟ خیلی سریع باید عمل کنیم.

سرگرد کرولی بلند شد. نقشه ای را بر روی میز باز کرد و با یک چوب کوتاه بر روی آن توضیح داد:

- قربان طبق گزارشات گروهبان کیدی، اون ستون زرهی باید اینجا باشه و اونطور که مشخصه هدفشون هم پایگاه اتمیِ که بعد از این پل قرار داره.

سرهنگ گفت:

- با پایگاه اتمی تماس بگیرید و بهشون آماده باش بدید. اونها تا رسیدنِ ما، می تونند از خودشون دفاع کنند.

سرگرد گیوم گفت:

- قربان، وضعیت پایگاه اتمی جالب نیست. فرمانده ی حفاظت پایگاه، سرهنگ هافمن، امروز به طور مرموزی فوت کرده و همه ی سیستم های دفاعی اونجا به هم ریخته. حتی تماس شون با بیرون قطع شده. در واقع اونجا بدون دفاعِ.

سرهنگ با ناراحتی گفت:

- فکر کنم این یک توطئه برنامه ریزی شده است.

سرگرد گیوم جواب داد:

- ما هم همینطور فکر می کنیم، قربان.

سرهنگ گفت:

- هواپیماهای جنگنده می تونند اون ستون زرهی یا اون پل رو بزنند؟

سرگرد گیوم گفت:

- خیر قربان، هواپیماها وقتی به اونجا می رسند که اونا از پل عبور کردند و به این ترتیب زدن پل فایده ای نداره.

سرگرد کرولی گفت:

- بعد از پل هم حمله به اونها خیلی خطرناکه. چون با سلاح هایی که در اختیار دارند، خیلی راحت می تونند از اون فاصله پایگاه رو هدف قرار بدن.

سرگرد گیوم گفت:

- حتی اگه اونها پایگاه رو هدف قرار ندن، به خاطر نزدیکی اونها به پایگاه اتمی و وجود موشک های اتمی در داخل پایگاه، ما نمی تونیم با هواپیما به اونها حمله کنیم. این ریسک بزرگیه.

سرهنگ با ناراحتی گفت:

- پس چطوری باید جلوشونو بگیریم؟

سرگرد کرولی جواب داد:

- اگر زمان کافی داشتیم، می تونستیم از اصل قافلگیری استفاده کنیم.

سرگرد گیوم دنبال حرف او را گرفت:

- قربان برای این عملیات سریع ترین و مطمئن ترین نیرو ما هستیم. چون ما نزدیک ترین پایگاه نظامی به اونها هستیم. ما با ده هلی کوپتر جنگی و کماندوهایی که در اختیار داریم، می تونیم جلوشونو بگیریم.

سرهنگ گفت:

- پس بهتره فرصت رو از دست ندیم و حرکت کنیم.

سرگرد گیوم جواب داد:

- آخه قربان ما هم حدود چهل دقیقه دیگه به اونجا می رسیم. بنابراین اونها به پایگاه حمله کردند.

سرهنگ که دیگر کاسه صبرش سر رفته بود، دستهایش را به هم کوبید و آنها را به هم فشار داد. برای لحظه ای همه ساکت شدند. سرانجام سرهنگ گفت:

- چاره ای نیست، باید بریم. شاید اون گروهبان کیدی بتونه تا رسیدن ما یه طوری جلوشونو بگیره.

❋❋❋

در همان زمان در یکی از خیابانهای شهر سیاه، مسیح به همراه جسی و جمعیتِ پشت سرشان به یک کلیسا نزدیک می شدند. کلیسا در سمت راست خیابان بود. مسیح در حال راه رفتن متوجه کلیسا شد. او راهش را به سمت کلیسا کج کرد و جلوی آن ایستاد. ساختمان کلیسا قدیمی بود و کمی عقب تر از خیابان قرار داشت. بر روی دیوار کلیسا سه پنجره ی بزرگ دیده می شد. آن پنجره ها شیشه های رنگی داشتند و بسیار زیبا به نظر می آمدند. ورودی کلیسا هم دو درب چوبی قدیمی بود که آن امارت را جذاب تر می کرد. همه ساکت ایستاده بودند و شاید هم منتظر عکس العملی از سوی مسیح بودند. صدای دعا خواندن دسته کُر کلیسا از بیرون شنیده می شد. جسی به آرامی در کنار گوش مسیح گفت:

- اینجا کلیساست.

مسیح در حالیکه به سمت درب کلیسا می رفت، خطاب به جسی گفت:

- می دونم.

او به درب کلیسا نزدیک شد و با فشار دستش به آرامی یکی از دربها را باز کرد. با باز شدن درب، صدای دعا خواندن دسته کُرکلیسا بیشتر به گوش می رسید. مسیح وارد کلیسا شد. داخل کلیسا بسیار بزرگ بود و فضای روحانی داشت. بر دیوارهایش نقاشی های زیبایی از مسیح و حضرت مریم و دیگر قدیسین دیده میشد.

مجسمه هایی از فرشته ها و مسیح بر دیوارها و گوشه و کنار کلیسا نصب شده بود. انعکاس نورهایی که از شیشه های رنگی پنجره ها به داخل می تابید، فضای کلیسا را زیبا و رویائی ساخته بود. چند ردیف میز و نیمکت تا جلوی پیشخوان کلیسا چیده شده بود.

در آن جلو، پیشخوانی بود که پشتش میزی قرار داشت و بر روی میز یک صلیب طلایی نسبتاً بزرگ گذاشته بودند. در زیر صلیب طلایی تعداد زیادی شمع روشن دیده میشد. در همان جلو و سمت راست جای خالی نسبتاً بزرگی بود که در آنجا چند نفر در حال اجرای دعا به صورت دسته کُر بودند و با هم همخوانی می کردند. این کلیسا توسط" **پدردیمی تریوس** "و شاگردش " **پیتر** " اداره میشد.

پیتر جوان راهبی بود که تازه به این کلیسا آمده بود. او در فعالیت های مذهبی پشتکار زیادی از خود نشان می داد و حالا داشت با عده ای از جوانان تمرین آواز مذهبی می کرد. پیتر درحالیکه انجیلی در دست داشت در جلوی دسته کُر ایستاده بود و آواز آنها را رهبری می کرد. اما طوری ایستاده بود که نمی توانست مسیح و درب ورودی کلیسا را ببینند.

مسیح آرام آرام به نقاشی ها و تزئینات داخل کلیسا نگاه می کرد و جلو می آمد. او از میان نیمکت ها گذشت و تا نزدیک پیشخوان جلو آمد و درحالیکه مهربانانه به دسته کُر کلیسا نگاه می کرد، ایستاد.

جسی و بعد از او مردم هم یکی یکی و پشت سر هم وارد کلیسا شدند و بین صندلی ها و نیمکت ها ایستادند. نفرات دسته کُر متوجه ورود ناگهانی مردم به کلیسا شدند و با تعجب به آنها نگاه کردند. پیتر که متوجه نگاه های متعجب دسته کُر به پشت سرش شده بود، برگشت و پشت سرش را نگاه کرد. او هم از دیدن این همه آدم شگفت زده شد. پس با علامت دستش از دسته کُر خواست که آوازشان را قطع کنند. دسته کُر ساکت شدند.

سپس پیتر به سمت مسیح آمد. او گیج و بهت زده به مردم و مسیح نگاه می کرد. شاید هم از جمع شدن بی موقع این همه آدم در کلیسا یکه خورده و کمی ترسیده بود. به همین خاطر با لحنی مضطرب رو به همه گفت:

- چه خبر شده؟

مسیح با مهربانی گفت:

- سلام پسرم.

پیتر درحالیکه با تعجب به لباس ها و به سرو وضع مسیح نگاه می کرد، با حرکت سرش جواب مسیح را داد. مسیح پرسید:

- داشتید چکار می کردید؟

پیتر با سردرگمی جواب داد:

- خب ... ما داشتیم دعا می خوندیم.

مسیح نگاهی به تزئینات داخل کلیسا انداخت و گفت:

- خیلی قشنگ می خوندید ... اینجا دیگه چه کارهایی انجام میدید؟

ناگهان مردم داخل کلیسا شروع به پچ پچ کردند. بعضی ها هم پوزخند می زدند. پیتر کاملاً گیج شده بود. به سرعت این فکر از ذهنش گذشت: « که این چه سؤالیه؟ کیه که ندونه توی کلیسا چه کارهایی انجام می دن؟ از اون گذشته این مرد چرا اینطوری لباس پوشیده؟ چرا با این لحن حرف می زنه؟ چرا مردم پوزخند می زنند؟ »

این سؤالات برای او سوء تفاهمی بزرگ پیش آورد و یک جواب: « که نکند اینها برای مسخره کردن و گذروندن وقت به اینجا آمده اند؟ »

در یک لحظه تصمیمش را گرفت. باید جدی تر با این مردم برخورد می کرد. پس با ناراحتی به مسیح گفت:

- منظورتون چیه؟

مسیح با همان لحن مهربانانه دوباره پرسید:

- خب ... گفتم به جز دعا خوندن، چه کارهای دیگه ای اینجا انجام میدید؟

پیتر خیلی جدی گفت:

- این سؤال شما کاملاً بی معنیه ... چون تقریباً همه می دونند که کلیسا چه جور جاییه و چه کارهایی داخلش انجام میشه ... حتی اونهایی هم که مسیحی نیستند می دونند که ...

به اینجا که رسید هم همه مردم بالا رفت و پیتر نتوانست به حرفش ادامه دهد زیرا حالا مردم واقعاً مسخره اش می کردند. آنها می دیدند که در کلیسایی که متعلق به مسیح است، یک راهب به کسی که ادعای مسیح بودن داشت، این گونه جواب می داد. از سوی دیگر پیتر هم که از چیزی خبر نداشت، کاملاً سردرگم بود. او به چهره مردمی که مسخره اش می کردند، نگاه می کرد ولی دلیل به سخره گرفته شدنش را نمی دانست. باز هم فکری از ذهنش گذشت: « نکند این مرد مسیحی نیست و برای مسخره کردن و دست انداختن او این سؤالها را می پرسد؟ »

پیتر کاملاً مضطرب و گیج شده بود. او دیگر تحملش تمام شد، و با ناراحتی فریاد زد:

- خیل خب، مسخره بازی بسه ... بفرمایید بیرون ...

با فریاد او همه ساکت شدند. جسی جلو آمد و با لحنی اعتراض آمیز گفت:

- تو حق نداری کسی رو از کلیسا بیرون کنی. ایشون فقط یک سؤال پرسید.

صدای هم همه مردم بالا رفت. آنها درحالیکه با چهره هایی ناراحت و متأسف به پیتر نگاه می کردند، حرفهای جسی را تأیید می کردند. پیتر تاکنون در چنین شرایطی قرار نگرفته بود. او خودش را در محاصره ی نگاه های تحقیرآمیز و متأسف مردم می دید. حالا واقعاً ترسیده بود و از شدت عصبانیت نمی دانست چه بکند، به ناچار فریاد کشید:

- فهمیدم ...

مردم با صدای پیتر آرام تر شدند. پیتر با عصبانیت ادامه داد:

- ... فهمیدم ... من هم ... سؤال ایشون و هم، منظور ایشون رو فهمیدم ...

همه ساکت شدند. پیتر با دستش به درب کلیسا اشاره کرد و با ناراحتی رو به مسیح گفت:

- ... حالا بفرمایید بیرون آقا، هر وقت تنها اومدید، جوابتونو میدم ... بفرمایید.

مسیح به آرامی گفت:

- تنها چرا!؟ ...

پیتر جواب داد:

- چون من فکر نمی کنم که هدف شما فقط سؤال کردن باشه ... شما قصد دیگه ای دارید.

مسیح گفت:

- نه، اینطور نیست.

پیتر گفت:

- پس چطوریه؟ ... شاید هم می خواید بگید با این سرووضع تون از دنیای دیگه ای اومدید که نمی دونید، کلیسا چه جور جائیه؟ ... اما من امثال شماها رو خوب می شناسم ... شما آدمهای امروزی برای جلب توجه دیگران دست به هر کاری می زنید ... و حالا تو برای جلب توجه مردم، می خوای کلیسا رو مسخره کنی.

مسیح با لحنی متأسف گفت:

- اشتباه میکنی.

اما پیتر که حالا کمی اعتماد به نفس پیدا کرده بود با صدایی بلندتر ادامه داد:

- نه ... اشتباه نمی کنم. بهتره برای مسخره بازی هاتون جای دیگه ای رو پیدا کنید و از این مکان مقدس بیرون برید.

در همین زمان بود که پدر دیمی تریوس از دری که سمت چپ پیشخوان بود، وارد کلیسا شد. او در حدود شصت سال داشت و قسمت اعظم زندگی اش را صرف خدمت به کلیسا کرده بود. حالا سرو صدای پیتر او را هم ترسانده بود. او فکر می کرد که اتفاق بدی افتاده پس با شتاب خودش را به داخل کلیسا رسانده بود تا ببیند که چه خبر است. به همین سبب با عجله به سوی پیتر آمد و گفت:

- چی شده پیتر؟! چرا فریاد میزنی؟!

پیتر درحالیکه سرش را با احترام خم می کرد، به مسیح اشاره کرد و گفت:

- ببخشید پدر ... آخه این مرد برای جلب توجه دیگران با سؤال های مسخره اش میخواد، حرمت کلیسا رو بشکنه.

پدر دیمی تریوس که دید اتفاق خاصی نیفتاده و خبری نیست، نفس راحتی کشید و بعد با تأسف نگاهی به سرو وضع مسیح انداخت. سپس نگاهی به مردم داخل کلیسا کرد و سرش را به علامت تأسف تکان داد. مردم با شرمندگی سرشان را پایین انداختند. پدر دیمی تریوس آرام و ناراحت گفت:

- اینجا چی میخواید؟ این شلوغی برای چیه؟!

مسیح گفت:

- سلام پدر.

پدر با بی میلی جواب داد:

- سلام پسرم.

مسیح گفت:

- منو ببخشید ... انگار ناخواسته باعث ناراحتی شاگردتون شدم.

پدر دیمی تریوس گفت:

- همه ی ما ممکنه ناراحت بشیم ... اما کسی حق نداره حرمت کلیسا رو بشکنه.

مسیح گفت:

- کلیسا جای مقدسیه ... من نمی خواستم حرمت کلیسا رو بشکنم ... من فقط پرسیم اینجا چه کارهایی انجام میدید؟

دوباره پیتر با عصبانیت گفت:

- می بینید پدر ...

اما پدر نگذاشت که پیتر به حرفش ادامه دهد. او با اشاره ی دستش از پیتر خواست که ساکت شود، سپس درحالیکه سعی می کرد به خودش مسلط باشد، با آرامشی مصنوعی جواب داد:

- عیب نداره ... من جوابتونو میدم ... ما در اینجا بندگان گمراهِ (علامت صلیبی بر روی سینه اش کشید) خداوند رو به راه راست هدایت می کنیم.

مسیح گفت:

- شما طریقه ی هدایت کردن رو می دونید؟

پیتر با ناراحتی گفت:

- مسلمه که میدونیم ...

اما دوباره پدر با علامت دستش حرف پیتر را قطع کرد. پیتر ساکت شد و پدر با همان آرامش مصنوعی ادامه داد:

- مطمئن باشید که اگه طریقه ی هدایت رو نمی دونستیم، زندگی مونو وقف این کار نمی کردیم ... اگه به کارمون ایمان نداشتیم، از لذت های دنیا چشم پوشی نمی کردیم و مثل بقیه ی مردم زندگی می کردیم ... اما ... اما زندگی مونو وقف هدایت مردم کردیم و فکر می کنیم که وظیفه ی ماست تا دین مسیح رو زنده نگه داریم.

مسیح پرسید:

- شما مطمئن هستید که برای هدایت مردم و زنده نگه داشتن دین مسیح، راه درستی رو انتخاب کردید؟

این بار پدر به خودش مسلط تر بود زیرا با کمی غرور جواب داد:

- بله ... ما در اینجا انجیل مقدس رو مطالعه می کنیم و سعی می کنیم اونو بهتر بفهمیم تا بتونیم به سؤالات گوناگون مردم درباره ی دنیا و آخرت راحت تر جواب بدیم

... مردم هم به ما اعتماد دارند. اون هایی که گناهکارند، برای ما اعتراف می کنند و ما برای اونها طلب آمرزش می کنیم ... روزهای یکشنبه به همراه مردم دعا می خونیم و برای خودمون و مردگان مون طلب مغفرت می کنیم و از خدا می خوایم که ایمان مون رو قویتر کنه ... به جز این ها مراسم های دعا و نیایش های متعدد دیگه ای هم داریم که انجام میدیم ... ما سعی می کنیم در همه ی مراحل زندگی مون به مسیح توجه داشته باشیم و به همین خاطر ایمان داریم که راه و طریقه ی ما همون راه و طریقه ی مسیح مقدسه ... پس وظیفه ی خودمون می دونیم که مثل مسیح، مردم رو به راه راست هدایت کنیم.

مسیح با تعجب گفت:

- مثل مسیح؟!

پدر ادامه داد:

- البته درسته که ما به شأن و مقام مسیح نمی رسیم ... اما ما هم تقریباً همون کار حضرت مسیح رو برای مردم انجام میدیم.

مسیح گفت:

- اما مسیح در زمان زندگیش کارهای دیگه ای هم انجام می داد. اون فقط به دعا خوندن اکتفا نمی کرد. همیشه در میون مردم بود. بین بیچارگان، فقرا، بیماران و بین کسانی که امید به خدا رو از دست داده بودند و به او احتیاج داشتند. با اونها و در میان اونها زندگی می کرد. با

غم ها و دردهاشون مأنوس بود و خودش رو از اونها جدا نمی دونست. اون با گفتار و عملش به مردم یاد می داد که همدیگر رو دوست داشته باشند ... به هم کمک کنند و به لطف خداوند ایمان داشته باشند. با مرگش هم به اونها یاد داد که در راه خداوند جان انسان ارزشی نداره، باید در راه خدا ایستادگی کنند، حتی اگه به قیمت جونشون تموم بشه ... شما هم همین کار رو می کنید؟

پدر دیمی تریوس متعجب و متحیر مانده بود. به نظر می آمد که دیگر پاسخی برای گفتن ندارد. مردم هم همه می کردند. لحظاتی به همین منوال گذشت. پیتر که وضعیت را این گونه دید، جرأت پیدا کرد و درحالیکه جلو می آمد با لحنی طلبکارانه به مسیح گفت:

- تو می خوای راه مسیح رو به ما نشون بدی؟

مسیح آرام گفت:

- بعضی وقتها کبر و غرور آدم رو به بی راهه می بره.

پیتر، پدر دیمی تریوس را خطاب قرار داد:

- دیدید، دیدید گفتم ... اون می خواد ما رو تحقیر کنه. به ما میگه متکبر!

مسیح درحالیکه لبخند میزد به علامت تأسف سرش را تکان داد. پیتر با حالتی تهاجمی گفت:

- تو کی هستی که می خوای آئین مسیح رو به پدر دیمی تریوس یاد بدی؟ ... اصلا تو مسیحی هستی یا نه؟

جسی که از این توهین ها تحملش سر رفته بود، خواست مسیح را معرفی کند. پس گفت:

- البته که مسیحیه ، ایشون ...

اما مسیح با علامت دستش حرف جسی را قطع کرد و جسی ساکت شد. مسیح نمی خواست در آن لحظه معرفی شود. پیتر که به شدت عرق کرده بود و خشمگین به نظر می آمد، رو به مردم فریاد زد:

- شما چی ؟ شما هم به مسیح اعتقاد دارید؟

مردم سرشان را پایین انداختند. پیتر ادامه داد:

- حالا معلوم میشه ...

پیتر با عجله به طرف پشت پیشخوان رفت. کتاب مقدس را بر روی میز انداخت و صلیب طلایی بزرگ را برداشت، آن را به سینه اش چسباند و به طرف مسیح و مردم آمد. او صلیب را بالای سرش گرفت و با صدای بلند گفت:

- هر کسی که یک مسیحیه معتقده، باید به این صلیب مقدس احترام بذاره و حرمت کلیسا رو نشکنه.

پدر دیمی تریوس زانو زد و علامت صلیبی بر روی سینه اش کشید. مردمِ پشت سر مسیح هم درحالیکه یکی یکی زانو می زدند، علامت صلیب بر سینه خودشان می کشیدند. بعد از چند لحظه همه زانو زده بودند، فقط مسیح بود که همچنان ایستاده بود و به پیتر نگاه می کرد. همه با چشمانی خیره متوجه مسیح بودند و می اندیشیدند: « که چرا این مرد زانو نمی زند. »

در این میان پدر دیمی تریوس از همه متعجب تر و بهت زده تر به مسیح می نگریست. پیتر که انگار جنگی را پیروز شده باشد، درحالیکه با چهره ی برافروخته و کمی خوشحال به مسیح نگاه می کرد، صلیب را پایین آورد و بریده بریده گفت:

- او ... اون حتی ... به صلیب مقدس هم احترام نمی ذاره!

مسیح هنوز هم مهربانانه به پیتر نگاه می کرد. پیتر که دیگر حق را به جانب خودش می دید بر سر مسیح فریاد کشید:

- برو بیرون ... از این مکان مقدس برو بیرون ... امثال تو نباید به اینجا پا بذارند.

مسیح به آرامی سرش را پایین انداخت، برگشت و به طرف درب کلیسا به راه افتاد. مردم درحالیکه زانو زده بودند، از جلوی پای مسیح کنار می رفتند تا از میانشان عبور کند. مسیح بعد از این که چند قدم به سوی درب کلیسا برداشت، ایستاد و به آرامی به سمت پدر نگاه کرد و گفت:

- شاید من یکی از بندگان گمراه خداوند بودم ... اینطوری هدایت می کنید؟

سپس مسیح به راهش ادامه داد و از میان مردم به سوی درب کلیسا رفت و خارج شد. جسی نیز برخاست و درحالیکه با نفرت و عصبانیت به پدر و پیتر نگاه می کرد با عجله به طرف درب کلیسا رفت. مردم هم یکی یکی بلند می شدند و از کلیسا بیرون می رفتند.

پدر دیمی تریوس که از این اتفاق کاملاً یکه خورده و مبهوت بود به آرامی برخاست و به مردمی که در حال ترک کلیسا بودند، خیره ماند. او

واقعاً دچار تردید شده بود. پیرزنی از میان مردم به طرف پدر آمد و با لحنی تمسخرآمیز گفت:

- پدر، می دونید چه کار کردید؟ ... اون مرد ادعا می کنه که خود حضرت مسیحه.

پدر متحیر تکرار کرد:

- مسیحیه؟!

پیر زن ادامه داد:

- بله پدر، تازه می خواد معجزه هم بکنه.

پیرزن به راه افتاد و رفت. برای لحظاتی پدر گیج و متحیر به اطراف نگاه می کرد که ناگهان چشمش به تابلوی نقاشی از مسیح افتاد که بر دیوار کلیسا نصب بود. آن تابلو نقاشی چهره ی حضرت عیسی را نشان میداد. اما چیزی که باعث شگفتی پدر می شد، این بود که نقاشی دقیقاً شبیه همین کسی بود که چند لحظه پیش در کلیسا بود و پیتر او را بیرون کرد. یعنی نقاشی دقیقاً شبیه حضرت مسیح بود. چشمان پدر از شدت تعجب گشاد شده بود و مبهوت و بی اختیار با خودش گفت:

- مسیحه؟!

و شاید هم به خاطر همین بود که ناگهان قلبش گواهی داد که باید دنبال این مرد برود.

✳✳✳

ستون زرهی هیتلر هر لحظه به شهر نزدیک و نزدیک تر می شد و از طرف دیگر هم نیروهای کماندویی سرهنگ مک کارتی با ده هلی

کوپتر جنگی به سوی شهر می آمدند. سرهنگ مک کارتی و سرگرد گیوم در هلی کوپتر پیشرو بودند.

هلی کوپترها با آخرین سرعت شان از روی دره ها و صخره ها می گذشتند تا زودتر به ستون زرهی برسند. ولی از سویی دیگر از طرف سازمان امنیت کشور به مأمور ویژه " **ژزف گاسکوین** " دستور داده شده بود تا به آنجا بیاید و در جمع و جور کردن این قائله به نیروهای کماندویی کمک کند. این موضوع را با بی سیم هلی کوپتر به سرهنگ مک کارتی اطلاع داده بودند و به او دستور داده بودند که با گاسکوین همکاری کند. با اینکه سرهنگ قلباً از کار کردن با گاسکوین راضی نبود، ولی به سرگرد گیوم گفت که وضعیت خودشان و عملیات را با بی سیم برای گاسکوین توضیح دهد.

***

اما فقط هلی کوپترهای گروه کماندویی نبودند که می خواستند جلوی هیتلر را بگیرند، زیرا در همان موقع و چند صدمتر مانده به دو راهیه شهر سیاه، گروهبان کیدی با اتومبیل های پلیس جاده را بسته بود. پلیسها در اطراف اتومبیلها سنگر گرفته و منتظر بودند. گروهبان کیدی در وسط جاده و جلوی اولین اتومبیل پلیس ایستاده بود و با دوربین به جاده نگاه می کرد. او با دوربینش ستون زرهی را دید که جیپ هیتلر در جلو، و تانک ها در پشت سرش به پیش می آمدند. یک پلیس که نزدیک گروهبان بود، پرسید:

- فکر می کنید ما بتونیم جلوشونو بگیریم؟

گروهبان کیدی درحالیکه که با دوربین نگاه می کرد، جواب داد:

- یک گردان هم نمی تونه جلوی این ستون زرهی رو که من می بینم، بگیره.

سپس دوربین را پایین آورد و خطاب به پلیس هایی که پشت اتومبیل ها سنگر گرفته بودند، فریاد زد:

- بچه ها، دارن میان ... اونها یک لشکر کاملند و تعداد ما خیلی کمه ... سعی نکنید بی خودی جون تون رو به خطر بندازید ... ما فقط باید معطل شون کنیم.

سپس گروهبان کیدی یک بلندگوی دستی را از داخل اتومبیل اولی برداشت. جلوتر رفت و منتظر ایستاد. بعضی از پلیس ها به گوشه و کنار جاده رفتند و سنگر گرفتند.

در طرف مقابل، اریکسون که در صندلی جلوی جیپ نشسته بود، تازه متوجه اتومبیل های پلیس شد که جاده را بسته بودند. او نیم خیز شده و به جلو نگاه کرد. سپس به طرف هیتلر که بر صندلی عقب بود، برگشت و وحشت زده گفت:

- جاده رو بستند!

هیتلر کمی به جلو خم شد و به جاده نگاه کرد و با ناراحتی گفت:

- شما که گفتید هیچ کس از این عملیات خبر نداره ... پس اینها چی میگن؟

اریکسون با تعجب گفت:

- کسی هم خبر نداشت.

هیتلر خیلی محکم به اریکسون گفت:

- ما نباید متوقف بشیم.

اریکسون با حرکت سرش اطاعت کرد. ستون زرهی هر لحظه نزدیک و نزدیک تر می شد. گروهبان کیدی خودش را جمع و جور کرد و وقتی دید که آنها به اندازه ی کافی نزدیک هستند، بلندگو را جلوی دهانش گرفت و خطاب به ستون زرهی گفت:

- من گروهبان کیدی هستم ... به شما اخطار می کنم که بایستید ... ما باید با شما صحبت کنیم.

اما ستون زرهی بدون توجه به اخطار گروهبان همچنان به پیش می آمد. گروهبان دوباره پشت بلندگو گفت:

- اخطار می کنم که بایستید.

همین موقع جیپ هیتلر به سمت راست جاده کنار کشید و تانک پشت سرش مشخص شد. لوله تانک به طرف گروهبان نشانه رفت. گروهبان تا این صحنه را دید، به طرف کنار جاده دوید و با یک شیرجه خودش را از جاده بیرون انداخت. همزمان تانک شلیکی کرد. گلوله ی شلیک شده ی تانک به اتومبیل جلویی پلیس برخورد کرد و اتومبیل منفجر شد. شدت انفجار به اندازه ای بود که قطعات اتومبیل به اطراف پرتاب شدند. پلیس ها از ترسِ برخورد قطعات اتومبیل، سرو کله شان را می گرفتند. آنهایی هم که پشت اتومبیل های عقب تر پنهان شده بودند، از جاده بیرون پریدند و در کناره های جاده سنگر گرفتند.

تانک پیشرو به اتومبیل منفجر شده ی در حال سوختن رسید، و آن را به کنار جاده هُل داد. آن تانک درحالیکه به راهش ادامه می داد به اتومبیل های دیگر پلیس برخورد می کرد و آنها را کنار می زد. بقیه ی تانک ها هم پشت سرش به پیش می آمدند.

به این ترتیب ستون زرهی به آسانی از میان اتومبیل های کنار زده ی پلیس عبورکردند و در این میان گروهبان و بقیه پلیس ها درحالیکه در کناره های جاده سنگر گرفته بودند، بدون هیچ واکنشی به عبور کردن ستون زرهی نگاه می کردند.

❊❊❊

در همان موقعی که گروهبان مشغول بستن جاده بود، شهر شلوغ تر از همیشه شده بود زیرا کاروانی از اتومبیل ها و کامیون ها، پشت سر جمعیتی که مسیح را همراهی می کردند، به راه افتاده بود. مسیح به همراه جسی همچنان در شهر حرکت می کردند و جمعیت هم در پشت سرشان می آمدند.

آنها تقریباً به انتهای شهر رسیده بودند که صدای زننده ی آهنگ راکی از خیابان فرعی سمت چپ توجه همه را به خودش جلب کرد. مسیح متوجه داخل خیابان فرعی شد. در داخل خیابان فرعی سه مرد ولگرد با لباس های غیر متعارف و سرو وضع زننده ای در حال رقصیدن بودند. در دست یکی از آنها ضبط صوتی بود که صدای آهنگ راک از آن شنیده می شد. در جلوی آنها و در کنار خیابان اتومبیل بدون سقفی پارک شده بود. آن اتومبیل متعلق به "**بیل**" سردسته ی این باند هرزه بود.

آنها گروهی عیاش و خلاف کار بودند و روزگارشان را به هرزگی می گذراندند. حالا هم بعد از مصرف مواد مخدر حال طبیعی نداشتند. آنها در این خیابان فرعی خلوت، زنی را گرفته بودند و بیل بر روی صندلی عقب اتومبیلش در حال آزار جنسی زن بود.

درب عقب اتومبیل باز بود و پاهای بیل و زن از جایی که مسیح بود، دیده میشد. زن در زیر بدن بیل در حال تقلا زدن بود و صدایش به

گوش می رسید که مرتب کمک می خواست و التماس می کرد که رهایش کنند.

مسیح صدای زن را شنید و با عجله به سمت دربی از اتومبیل که باز بود، آمد. او دید که بر روی صندلی عقب، بیل بر روی زنی افتاده و مشغول آزار و اذیت جنسی اوست. بعضی از قسمتهای لباس زن پاره شده بود و بدنش نیمه عریان بود. او سعی می کرد با دست و پا زدن بیل را از خودش دور کند و با التماس و فریاد از او می خواست که رهایش کند، اما بیل مشغول کارش بود. مسیح که این صحنه را دید به آرامی دستش را جلو برد، پای بیل را گرفت و تکان داد و گفت:

- آقا ... آقا ...

بیل در همان حالتی که بر روی زن قرار داشت، سرش را به طرف مسیح برگرداند و با لحنی زننده گفت:

- چیه؟ ... چی می خوای؟

مسیح با ناراحتی گفت:

- لطفاً بلند شید.

بیل با بی اعتنایی گفت:

- برو سراغ کارت.

بیل دوباره بدون توجه به مسیح مشغول کارش شد. ولی زن که متوجه مسیح شده بود، با اینکه در زیر بدن بیل قرار داشت با التماس از مسیح کمک خواست و گفت:

- تو رو خدا کمکم کنید ... تو رو خدا ...

جمعیت آرام و بی سروصدا وارد ابتدای خیابان فرعی شده بودند ولی جلوتر نیامدند. سه مرد ولگرد با اینکه مواد مصرف کرده بودند و حال عادی نداشتند، با دیدن جمعیت وحشت کرده و از رقصیدن دست کشیدند. انگار اثر مواد از سرشان پریده بود.

ولگردی که ضبط صوت در دست داشت، آن را خاموش کرد. مسیح پای بیل را محکم گرفت و او را از روی زن به عقب کشید. بیل با ناراحتی از روی زن بلند شد و بدون اینکه متوجه جمعیت شود، پشت به جمعیت و سینه به سینه مسیح ایستاد و با لحنی تهدیدآمیز و زننده به مسیح گفت:

- مثل اینکه تو حرف حساب حالیت نیست؟ ... ها ...

او بدون اینکه به سه دوست ولگردش نگاه کند، آنها را خطاب قرار داد:

- ... هی بچه ها باید به این بابا حالی کنیم که با کی طرفه ...

سپس چاقویی را از جیبش بیرون آورد و زیر چانه ی مسیح گذاشت و درحالیکه با خشم به چشمان مسیح نگاه می کرد،گفت:

- بلایی به سرت میارم که دیگه نتونی توی کار دیگران دخالت کنی ...

باز هم دوستان ولگردش را خطاب قرار داد:

- ... بچه ها بیاید، می خوایم یه کم تفریح کنیم.

در این میان سه مرد ولگرد سعی داشتند که بیل را متوجه جمعیت پشت سرش بکنند. آنها مرتب دستانشان را تکان می دادند و می گفتند:

- هی ... هی بیل ... ببین ... بسه دیگه بیل ... هی ...

بیل بدون اینکه به دوستانش نگاه کند با همان حالتی که متوجه مسیح بود، گفت:

- آه ... چیه؟ هی بیل بیل می کنید؟

یکی از ولگردها بلند گفت:

- بیل، پشت سرت.

بیل درحالیکه که چاقویش را زیر چانه ی مسیح نگه داشته بود با احتیاط به پشت سرش نگاه کرد و جمعیت را دید. جمعیت با نگاههای متأسف به بیل خیره مانده بودند. وحشت سراپای بیل را فرا گرفت، طوریکه به زور توانست آب دهانش را قورت بدهد. او به آرامی چاقویش را پایین آورد و در جیبش گذاشت.

زن آزار دیده وقتی این وضعیت را دید با بدنی نیمه عریان از صندلی عقب اتومبیل بیرون آمد و درحالیکه گریه می کرد به سمت جمعیت دوید. جسی که جلوی جمعیت بود، او را در آغوش گرفت. او سرش را بر روی شانه ی جسی گذاشت و با صدای بلند گریه کرد. بیل خودش را به بی خبری و نفهمی زد و گفت:

- چی شده؟! ... اینجا چه خبره؟!

جسی زن را از آغوشش کنار زد و با ناراحتی به سمت بیل آمد و با لحنی اعتراض آمیز گفت:

- این تو هستی که باید بگی اینجا چه خبره! ...

سپس به همان زنی که بیل اذیتش کرده بود، اشاره کرد و ادامه داد:

- ... به اون زن نگاه کن.

زن هنوز هم در حال گریه کردن بود. بیل با اینکه ترسیده بود اما با پررویی تمام، آهسته به جسی گفت:

- من ... من کاری نکردم که بخوام توضیح بدم.

جسی با لحنی تهدید آمیز جواب داد:

- خیلِ خُب، وقتی پلیس اومد، همه چی معلوم میشه.

مسیح به آرامی شانه ی جسی را گرفت و با لحنی گرفته و دلخور گفت:

- بریم دخترم ... حرف زدن با این آدمها بی فایده است.

جسی به مسیح گفت:

- مگه ندیدید با اون زن چکار می کرد؟

مسیح آرام جواب داد:

- چرا دیدم ... اما این افراد به حرف منو تو گوش نمی دن ... ما کار مهم تری داریم ... باید بریم.

جسی بر خلاف میل باطنی اش حرف مسیح را قبول کرد. با این حال نگاهی با خشم و نفرت به بیل انداخت و به سمت جمعیت رفت. مسیح درحالیکه سرش را با تأسف تکان می داد، خطاب به بیل گفت:

- متأسفم.

بیل دندان هایش را از شدت خشم به هم فشار می داد، ولی کاری از دستش بر نمی آمد. همین که مسیح قصد داشت به سمت جمعیت برود، بیل آهسته گفت:

- به همدیگه می رسیم.

مسیح ایستاد و با لبخندی به بیل نگاه کرد و گفت:

- خوشحال میشم ما رو همراهی کنی.

سپس مسیح به سمت جمعیت به راه افتاد. بیل درحالیکه با خشم به رفتن مسیح نگاه می کرد، زیر لب گفت:

- میام ... مطمئن باش ولت نمی کنم.

***

ستون زرهی به دو راهی شهر سیاه رسیده بود. باز هم جیپ هیتلر در جلوی ستون حرکت می کرد. اریکسون که موفقیت شان را صدرصد می دانست، با خوشحالی به سمت عقب برگشت و خطاب به هیتلر گفت:

- قربان ، دیگه چیزی نمونده. این شهر رو که دور بزنیم به پل می رسیم. وقتی از پل عبور کنیم با یک عملیات ساده وارد پایگاه اتمی می شیم و شما دوباره به قدرت می رسید.

اما هیتلر بی توجه به حرف های اریکسون با غرور و تکبر به اطراف نگاه می کرد. اریکسون نمی توانست خوشحالی اش را پنهان کند و می خواست حرف بزند. پس ادامه داد:

- قربان ... می تونم بپرسم حالا که در آستانه ی پیروزی هستیم چه احساسی دارید؟

هیتلر، اریکسون را در اندازه ای نمی دید که حتی بخواهد با او هم صحبت شود. با این حال با تکبر و بدون اینکه به او نگاه کند، جواب داد:

- این پیروزی در مقابل پیروزی هایی که من داشتم ... اصلاً قابل مقایسه نیست ... زمانی بود که من کشور ها و سرزمینهای زیادی رو تصرف کردم ... من، ابر قدرت دنیا

بودم ... هیچ کس نمی تونست در مقابل من و ارتشم مقاومت کنه ...

او سرش را با تأسف تکان داد و گفت:

- ... اما ... اما حیف که تقدیر با من یار نبود ... با این حال ... فکر می کنم با این سلاح های اتمی، می تونم انتقامم رو از کشور های دشمنم بگیرم.

اریکسون باز هم مشتاقانه پرسید:

- به نقشه های آینده تون چی؟ ... به اونها فکر کردید؟

هیتلر محکم تر جواب داد:

- حالا به تنها چیزی که فکر می کنم، تشکیل یک حکومته ... حکومتی که کاملاً مقتدر باشه! ... نباید اشتباهات گذشته دوباره تکرار بشه ... نمیذارم اطراف مو انسان های پست و خائن پر کنند. من فقط آدم های وفادار به حزبم رو می خوام که برای حکومتی با صلابت تلاش کنند ... ما برای چیزی که می خوایم باید بجنگیم ... برای حکومت و برای حزب ... نه رحمی باید داشت، نه گذشتی. حتی به زن ها و بچه ها ... دشمن، دشمنه ... اون چیزی که مهمه حکومتِ منه ...

اینها جواب هایی نبودند که اریکسون می خواست از دهان هیتلر بشنود. به همین خاطر با دلخوری رویش را برگرداند، بر صندلی اش جابجا شد و به اطراف نگاه کرد.

✶✶✶

اما در فاصله ای بسیار دورتر هلی کوپترهای سرهنگ مک کارتی به سرعت و پشت سر هم از روی تپه ها و بیابانها در حال عبور بودند. در هلی کوپتر پیشرو، سرگرد گیوم از طریق بی سیم فهمید که گروهبان کیدی نتوانسته جلوی ستون زرهی را بگیرد. او این خبر را به سرهنگ مک کارتی داد. سرهنگ با عصبانیت دستانش را به هم زد و گفت:

- این خیلی بده اونها دارند به پایگاه نزدیک میشن و ما کاری از دستمون بر نمیاد ... فقط مگه خدا کمک کنه ... فقط خدا ...

✷✷✷

جاده ای که به پل منتهی می شد از کنار یک صخره ی مرتفع سنگی عبور می کرد، طوری که در سمت راست جاده فقط صخره دیده می شد و جاده به صورت نیم دایره صخره را دور میزد و به پل می رسید. به همین سبب در جلوی دهانه ی پل و در سمت راست، فضای کمی وجود داشت زیرا کنارش را صخره گرفته بود. اما در سمت چپ فضا باز بود.

مسیح و جمعیت پشت سرش به جاده کنار صخره رسیده بودند و در حال دور زدن صخره بودند. حالا جمعیت فراوانی پشت سر مسیح در حال حرکت بودند و تعداد زیادی اتومبیل و کامیون هم پشت سرشان می آمدند. کم کم پل نمایان شد. مسیح جلوی دهانه پل رسید و در حالیکه می ایستاد به اطراف نگاه کرد.

پل از جنس آهن و بتن بود و تازه ساز به نظر می آمد. طولش حدود هشتاد متر می شد و بر روی یک دره نسبتاً عمیق قرار داشت. جمعیت ایستاده بودند که جسی خودش را به مسیح رساند و گفت:

- این هم پل ... باید از روش عبور کنیم؟

مسیح در حالیکه به پل نگاه می کرد، گفت:

- بله.

سپس به سوی پل قدم برداشت. مردم هم پشت سر مسیح به طرف پل حرکت کردند. در همان ابتدای پل جسی که خیلی کنجکاو شده بود، خودش را به مسیح نزدیکتر کرد و پرسید:

- حتماً دلیل خاصی داره که اینجا رو انتخاب کردید؟

مسیح در حالیکه لبخند می زد به اطراف نگاه کرد و جوابی نداد. جسی ادامه داد:

- قرار اینجا اتفاقی بیفته؟

مسیح با لبخند گفت:

- بزودی می فهمی.

جسی که سراپایش از عشق مسیح لبریز بود و از کنار مسیح بودن، سیر نمی شد، با احساسی سرشار از عشق گفت:

- البته هر اتفاقی که بیفته، مهم نیست ... همین که در کنار شما هستم، برام کافیه.

بغضی همراه با شوق گلویش را گرفته بود با این وجود ادامه داد:

- حالا تنها آرزویی که دارم ... فقط در کنار شما بودن، برای همیشه است ... تنها آرزوم توی دنیا همینه...

در آن لحظه که جسی این جملات را می گفت، مسیح به صداقت گفته های او شک نداشت. او پاکی و معصومیت را در چهره ی جسی می

دید و به همین خاطر مهربانانه و با تبسم به او نگاه می کرد. حالا اشک از چشمان جسی سرازیر بود و به دوردست نگاه می کرد.

در همان لحظه و بر روی پل، بیل به همراه سه دوست ولگردش در میان جمعیت در حال حرکت بودند که بیل با سر به مسیح که جلوتر بود، اشاره کرد و گفت:

- فقط کافیه تنها بشه .. دخلشو میارم.

کمی عقب تر از آنها پدر دیمی تریوس و پیتر در حال حرکت بودند که پیتر با نگرانی به پدر گفت:

- پدر ... اگه واقعاً مسیح باشه؟ ... وای خدای من، من اونو از کلیسا بیرون کردم ... شاید بهتر دعا کنم که اون مسیح نباشه.

پدر دیمی تریوس که حوصله اش از حرفهای پیتر سر رفته بود با لحنی اعتراض آمیز گفت:

- پیتر؟! ... این چه حرفیه که می زنی؟! ... باید از خودت خجالت بکشی ...

پیتر با شرمندگی سرش را پایین انداخت. حالا مسیح از روی پل خارج شده بود، کنار ایستاده و به سمت راست نگاه می کرد. حدود بیست وپنج یا سی متر آن طرف تر یک دو راهی قرارداشت. یکی از جاده های آن دو راهی به سمت پایگاه اتمی می رفت که در دوردست به راحتی دیده میشد و جاده دیگر دوراهی به سمت بیابان برهوت می رفت و در کنار آن جاده تابلویی بود که بر رویش نوشته شده بود " **انتهای جاده ی اصلی** "

در کنار تقاطع دو راهی، یک تپه ی کوچک با ارتفاع حدود دو متر قرار داشت. بر روی تپه ی کوچک یک تیرک صلیبی شکل نصب بود. آن تیرک صایبی شکل دو قسمت فلش مانند داشت و آن فلش ها تیرک را به صورت صلیب درآورده بودند. در پشت تپه ی کوچک مقدار زیادی سنگ ریخته شده بود. طوریکه فقط در جلوی آن می شد، ایستاد.

بر روی تیرک صلیبی شکل و قسمت فلش مانندی که به سوی پایگاه بود، نوشته شده بود " **پایگاه اتمی** " و بر روی فلش دیگر که به طرف پل بود نوشته شده بود " **شهر سیاه** " . ارتفاع تیرک به اندازه ی یک انسان معمولی بود. مسیح به تپه ی کوچک اشاره کرد و به جسی که کنارش ایستاده بود، گفت:

- شما مردم رو به کنار اون تپه ی کوچک ببر تا من هم بیام.

جسی مردم را راهنمایی کرد تا به طرف تپه ی کوچک بروند. مردم رفته رفته از روی پل خارج می شدند و به سوی تپه می رفتند. حالا کامیون ها و اتومبیل ها روی پل در حال حرکت بودند. وقتی آخرین نفرات جمعیت از روی پل خارج شدند و نوبت به خارج شدن کامیون ها شد، مسیح با علامت دستش جلوی اولین کامیون را گرفت و به سوی راننده رفت. مسیح از او خواست که از کامیونش پیاده شود و به دیگران هم بگوید که اتومبیل ها و کامیون ها را بر روی پل بگذارند و پیاده بیایند. راننده ی کامیون هم قبول کرد و درحالیکه پیاده میشد به طرف کامیون کناریش و اتومبیل های پشت سرش رفت تا به آنها بگوید که چه کار باید بکنند. به نظر می آمد که آنها برای دیدن معجزه حاضر بودند هر شرطی را قبول کنند.

ترافیکی از اتومبیل ها و کامیون ها بر روی پل درست شده بود که تا قبل از پل هم ادامه داشت. در آن طرف پل هنوز تعداد زیادی کامیون و اتومبیل بودند که به خاطر ترافیک، روی پل نیامده بودند و در پشت پل به صورت نامرتبی ایستاده بودند.

مسیح به سوی مردمی که جلوی تپه ی کوچک منتظرش ایستاده بودند، آمد. آنها به آرامی کنار کشیدند و راهی در میان خودشان برای مسیح باز کردند تا او به سوی تپه ی کوچک برود. مسیح به آرامی در میان مردم به راه افتاد. در میان راهی که جمعیت برای مسیح باز کرده بودند، پدر دیمی تریوس ایستاده بود. درحالیکه مسیح از کنار او عبور می کرد، مردی که کنار پدر ایستاده بود، از او پرسید:

- پدر، به نظر شما اون واقعاً مسیحه؟

پدر دیمی تریوس درحالیکه که به رفتن مسیح نگاه می کرد و سرش را تکان می داد به حالتی دعا گونه رو به آسمان کرد و جواب داد:

- فقط خدا می دونه.

مردم ساکت بودند و همه به مسیح که در حال عبور از میان شان بود، نگاه می کردند. چند متر مانده به تپه و در میان جمعیت، بیل به همراه سه دوست ولگردش ایستاده بودند. زمانی که مسیح از کنار بیل عبور می کرد، او با حالتی تنفر آمیز آدامسی را که در دهان داشت، جلوی پای مسیح تُف کرد. اما مسیح بدون توجه به او از کنارش عبور کرد. بیل همچنان با نفرت به رفتن مسیح نگاه می کرد.

بعد از آنها پیتر ایستاده بود. وقتی مسیح به پیتر رسید، او که احساس شرمندگی می کرد با دستپاچگی سرش را به طرف دیگری چرخاند تا چشمش به چشمان مسیح نیافتد. اما مسیح با مهربانی دستی بر شانه

پیتر کشید و از کنارش عبور کرد. پیتر احساس خاصی پیدا کرده بود. او دستش را بر شانه ای که مسیح دست کشیده بود، گذاشت و ناخود آگاه به رفتن مسیح خیره ماند.

در جلوی تپه ی کوچک جوان فلج ویلچر سوار به همراه مادرش دیده می شدند. جوان فلج مشتاقانه منتظر عبور مسیح بود. وقتی مسیح رسید، او دستش را به سوی مسیح بلند کرد. مسیح هم مهربانانه در حال عبور از کنارش دستش را برای لحظه ای گرفت و رها کرد و از تپه ی کوچک بالا رفت. به خاطر سنگ های زیادی که در پشت تپه قرار داشت، مردم فقط جلوی تپه ایستاده بودند. در زیر تیرکِ بالای تپه ی کوچک، مقداری سیم نازک و دود زده ریخته بود. جالب اینجا بود که تیرک تقریباً به شکل یک صلیب بود و هم اندازه ی قد مسیح به نظر می آمد. مسیح جلوی تیرک صلیبی شکل ایستاد تا برای مردم صحبت کند.

***

در آن لحظه ستون زرهی به صخره ی کنار پل رسیده بود. اما به خاطر وجود صخره، آنها پل را نمی دیدند. ستون زرهی با حفظ نظم شان در جاده به پیش می آمدند. هنگامی که نیمی از جاده ی کنار صخره را طی کردند و در حال رسیدن به پل بودند، ناگهان اریکسون متوجه ترافیک اتومبیل ها و کامیون های قبل از پل شد. او با اضطراب بر جایش ایستاد تا جلو را بهتر ببیند.

کم کم پل نمایان شد و اریکسون توانست ترافیک روی پل و قبل از آنرا را ببیند. او شوکه شده بود، چیزی را که می دید نمی توانست باور کند. « آخر مگر می شد، جاده ای به این خلوتی، یک چنین ترافیکی داشته باشد؟ یعنی چه اتفاقی افتاده است؟ »

این سؤالی بود که به سرعت از ذهن اریکسون گذشت و او را بیش از پیش وحشت زده کرد. او دستپاچه برگشت و دستش را به علامت توقف به سوی تانک پشت سرش بلند کرد. تانک پیشرو و ستون زرهی ایستادند و جیپ همچنان جلو می رفت. هیتلر که تازه متوجه حرکات غیر طبیعی اریکسون شده بود، پرسید:

- چه اتفاقی افتاده؟

اریکسون دستپاچه و مضطرب جواب داد:

- من هم نمی دونم قربان.

هیتلر کمی به جلو خم شد و تازه متوجه ترافیک اتومبیل ها شد. یک اتومبیل قدیمی زرد رنگ عقب تر از همه پارک کرده بود. درب کاپوت جلویش باز بود و یک مرد بر روی موتور آن خم شده و در حال تعمیر آن بود. جیپ، کنار اتومبیل زرد رنگ ایستاد. اریکسون سراسیمه از جیپ بیرون پرید و سرگردان و حیران به اطراف نگاه کرد. او متوجه مردی شد که در حال تعمیر اتومبیل زرد رنگ بود. به سویش رفت و گفت:

- هی آقا.

مرد سرش را از روی موتور اتومبیل بلند کرد و درحالیکه با پارچه کثیفی دستانش را پاک می کرد، جلوتر آمد و جواب داد:

- بله؟

اریکسون با همان حالت سردرگمی پرسید:

- اینجا چه خبره؟! ... این ترافیک برای چیه؟

مرد گفت:

- میگن یه نفر ادعا کرده که مسیحه، و می خواد معجزه کنه ... مردم هم دنبالش راه افتادند تا اینجا ... این شلوغی هم که می بینی ماله اونه ... من که نمی دونم، خودش میگه مسیحه ...

اریکسون ناخودآگاه به یاد وقایع امروز صبح افتاد و انگار چیزی یادش افتاده باشد، رنگش پرید و با خودش تکرار کرد:

- مسیحه؟! ... مسیح! ...

سپس نگاهی به آن طرف پل انداخت. با اینکه فاصله دور بود اما می شد تصویر مبهمی از جمعیت را دید. آن مرد، جیپ و اریکسون را برانداز کرد و ادامه داد:

- من که به این چیزها اعتقاد ندارم ... راستی شما اینجا چکار می کنید؟

اریکسون تازه به خودش آمد و فهمید که نقشه شان به دست مسیح در حال شکست خوردن است. به همین خاطر خشمگینانه بر سر مرد فریاد کشید:

- به تو مربوط نیست ... زود سوار ماشینت شو و از همون راهی که اومدی برگرد.

مرد که گیج و مبهوت شده بود، می خواست چیزی بگوید ولی اریکسون دیگر امانش نداد. کلت کمری اش را بیرون آورد و به طرف مرد نشانه رفت و گفت:

- خفه شو ... یالا گورت رو گم کن.

مرد با وحشت به طرف اتومبیلش دوید. با عجله کاپوت جلوی آن را بست و سوار شد و درحالیکه با اتومبیلش دور می زد، به سرعت از کنار جیپ گذشت و به طرف شهر رفت.

هیتلر که گفتگوی اریکسون و مرد را شنیده بود، اریکسون را صدا زد. اریکسون به طرف جیپ دوید. هیتلر با چهره ای شاکی به پل اشاره کرد و پرسید:

- این اتومبیل ها مال اون آدم هاییه که اون طرف جمع شدند؟

اریکسون جواب داد:

- فکر می کنم قربان!

هیتلر با لحنی محکم و ناراحت گفت:

- با عده ای از افراد به اون طرف پل برید و اونها رو وادار کنید تا اتومبیل هاشونو از روی پل بردارند ... اگه همکاری نکردند، چند تاشونو به گلوله ببندید ... باید بفهمند که با کی طرفند ... به هر ترتیبی که شده من باید از این پل عبور کنم.

اریکسون با لحنی ملتمسانه و دستپاچه به پل اشاره کرد و گفت:

- اما قربان، فکر می کنم اون که اونجاست ... حضرت مسیحه.

هیتلر با تعجب و اخم گفت:

- منظورت چیه؟!

اریکسون دستپاچه جواب داد:

- خب ... خب، اون هم مثل شما واقعیه ... ما قبل از شما شاهد اومدنش بودیم ... می خوام بگم، یعنی اون، واقعاً خودِ مسیحه.

هیتلر با عصبانیت گفت:

- خب من هم هیتلر هستم ... برامم فرق نمی کنه که اون کیه ... کسی نمی تونه جلوی منو بگیره ... حتی اگه خود حضرت مسیح باشه ... دستور همونه که گفتم ... اونا رو به گلوله ببندید.

اریکسون که سعی در آرام کردن هیتلر داشت، گفت:

- قربان ما باید به خاطر خودمون تا می تونیم بی سروصدا از این پل عبور کنیم. نباید جلب توجه کنیم ... تازه قربان کشتن اونها که پل رو باز نمی کنه.

هیتلر با کلافگی گفت:

- پس چطوری باید این راه لعنتی رو باز کنیم؟

اریکسون جواب داد:

- مسیح از نقشه های ما خبر نداره ... اجازه بدین من برم با مسیح صحبت کنم ... قول میدم که اونو وادار به همکاری کنم.

هیتلر برای لحظه ای به فکر فرو رفت. اریکسون خواسته اش را تکرار کرد:

- خواهش می کنم قربان.

هیتلر کلافه جواب داد:

- برو ... ولی وای به حالت اگه موفق نشی.

اریکسون با خوشحالی پا جفت کرد و گفت:

- بله قربان

سپس او به سوی پل دوید.

***

در همین موقع گروهبان کیدی که با فاصله ستون زرهی را دنبال می کرد، خبر گیر افتادن آنها را در کنار پل به هلی کوپترهای سرهنگ مک کارتی داد و این خبر همان معجزه ای بود که سرهنگ مک کارتی از خدا می خواست. شنیدن این خبر او را از همه بیشتر خوشحال کرد.

***

بر روی تپه ی کوچک، مسیح در حال صحبت کردن برای مردم بود. تعدادی از مردم هم، از این صحنه ها عکس و فیلم می گرفتند. مسیح می گفت:

- ... و خداوند دید که شما به هم رحم نمی کنید ... دید که فقر و گرسنگی، ظلم و کشتار در میون شما و در نقطه به نقطه ی دنیا بیداد می کنه ... و خداوند خواست که من به میون شما برگردم ... تا شاید وجدانهای خفته شما دوباره بیدار بشه و بتونید در راه درست قدم بردارید. البته قبول دارم که از نظر علمی و خیلی چیزهای دیگه پیشرفت کردید اما همه ی این علم و پیشرفت رو برای رفاه و آرامش خودتون به خدمت نمی گیرید ... سلاحهای عجیب درست می کنید ... به بهانه های مختلف به حقوق هم تجاوز می کنید ... و همدیگر رو می کُشید ... من نمی دونم چرا چشم هاتونو بر

روی حقایق بستید؟ ... یک لحظه به اطرافتون نگاه کنید ... در قرن علم و پیشرفت زندگی می کنید ... اما ظلم و کشتار از همه ی دورانها بیشتره ...

در همین موقع اریکسون در حالیکه جمعیت را کنار می زد، جلو می آمد. او از تپه ی کوچک بالا آمد و نفس زنان کنار مسیح ایستاد. او می خواست که با مسیح صحبت کند اما مسیح بدون توجه به او به حرفهایش ادامه داد:

- شما انسانید ... نباید به هم ظلم کنید ... نباید به خاطر رنگ پوست ... نوع نژاد یا حتی نوع مذهب همدیگر رو بکشید ... همه شما در پیشگاه خداوند یکی هستید ... و خداوند همه ی بندگانش رو دوست داره ... مهم نیست که پوست تون چه رنگیه ... مهم نیست که چه دین و مذهبی دارید ... یا از چه نژادی هستید ... مهم اینه که چقدر می تونید دیگران رو دوست داشته باشید ... چقدر می تونید مهربون باشید ... مهم قلب شماست ... و مهم، انسانیته ...

اریکسون که دیگر تحملش تمام شده بود، شانه های مسیح را گرفت و او را کمی عقب برد. سپس سعی کرد با احترام لباس مسیح را مرتب کند. صدای هم همه ی مردم بلند شد. اریکسون طوری که مردم نشنوند، خطاب به مسیح گفت:

- من از این کارم معذرت می خوام ... اما باور کنید که چاره ای نداشتم.

مسیح لبخند معنا داری زد. اریکسون ادامه داد:

- ما یک گروه نظامی هستیم که مأموریت مهمی داریم ... باید هرچه سریعتر از روی این پل عبور کنیم ...

زمانی که اریکسون در حال توضیح دادن برای مسیح بود در پایین تپه و در میان هم همه ی مردم، مادر جوان فلج با چشمانی که اشک در آنها حلقه زده بود به مسیح اشاره کرد و خطاب به پسرش گفت:

- اون واقعاً قشنگ حرف می زنه ... این طور نیست پسرم؟

جوان فلج به مسیح و اریکسون اشاره کرد و گفت:

- اونا چی دارن به هم میگن؟

در بالای تپه ی کوچک، مسیح در مقابل حرف های اریکسون سرش را به علامت منفی به اطراف تکان می داد و حاضر به همکاری با او نبود. به همین خاطر اریکسون با ناراحتی صورتش را به صورت مسیح نزدیکتر کرد و با لحنی تهدید آمیز گفت:

- من برای شما احترام زیادی قائل هستم ... اما شما با این کارتون جون خودتون و این مردم رو به خطر می ندازید ... من برای خودتون میگم.

مسیح با لبخند معنی داری گفت:

- تو هم به من دروغ میگی، هم به خودت.

اریکسون با لحنی عصبی گفت:

- بله من دروغ میگم ... ما هدف دیگه ای داریم، اما اگه شما همکاری نکنید، می دونید چی میشه؟

او به آن سوی پل اشاره کرد و ادامه داد:

- اون کسی که اونجاست به هیچ کدوم از این مردم رحم نمی کنه ... اون هیتلره ... می فهمید؟

مسیح آرام و متفکرانه گفت:

- هیتلر؟

اریکسون ادامه داد:

- ببینید من از طرف اون قول میدم که در آینده امتیازهای زیادی بهتون بدیم ... بهتره منطقی فکر کنید.

مسیح باز هم با همان لحن با خودش تکرار کرد:

- هیتلر؟

✳✳✳

در همان لحظه و بر روی یک تپه ی بزرگ که مشرف به آزمایشگاه پروفسور اندرسون بود، چارلز با قیافه ای مغموم ایستاده بود و با افسوس به ساختمان آزمایشگاه که در فاصله ی دوری قرار داشت، نگاه می کرد.

اتومبیل مخصوصش و چند محافظ در پشت سرش دیده می شدند.

یک هلی کوپتر خاموش هم کمی عقب تر بر روی زمین بود.

ژزف گاسکوین درحالیکه کیفی در دست داشت، از پشت به چارلز نزدیک شد و کنارش ایستاد. گاسکوین مردی حدوداً شصت ساله به نظر می آمد. با اینکه سرش تاس بود اما سبیل های پرپشتی داشت. او عضو سرویس مخفی و اطلاعاتی کشور بود. با این حال برای چارلز هم کار می کرد. چارلز با چهره ای غم زده به آزمایشگاه نگاه کرد و گفت:

- باورم نمی شه ... این نقشه حرف نداشت.

گاسکوین گفت:

- اونا پشت پل گیر افتادند ... من با سرهنگ مک کارتی در ارتباط هستم ... گروه کماندویی ارتش خیلی زود به اونها می رسند ... عملیات شکست خورده. شما هم باید هرچه سریعتر اینجا رو ترک کنید. نباید بفهمند که شما در این عملیات دست داشتید. باید پاک سازی رو شروع کنیم.

چارلز سرش را با تأسف تکان داد. گاسکوین چیزی شبیه یک کنترل را به طرف آزمایشگاه گرفت و دکمه ی آن را فشار داد. آزمایشگاه در چند مرحله و پشت سر هم منفجر شد. صدای مهیبی بیابان را در بر گرفت و دود و آتش غلیظی از آزمایشگاه به آسمان بلند شد. کمک خلبان هلی کوپتر به طرف گاسکوین آمد و گفت:

- از هلی کوپتر سرهنگ مک کارتی تماس گرفتند. می خوان با شما صحبت کنند.

گاسکوین با حرکت سرش به کمک خلبان جواب مثبت داد. کمک خلبان به سوی هلی کوپتر بازگشت. گاسکوین به چارلز گفت:

- من باید به گروه کماندویی برسم. اونا نباید بفهمند که من اینجا با شما بودم ... شما هم بهتره از اینجا دور بشید.

انگار چارلز به حرف های گاسکوین توجهی نداشت. او با ناراحتی به سوختن آزمایشگاه خیره مانده بود. گاسکوین برگشت و به طرف هلی کوپتر به راه افتاد. اما هنوز چند قدم نرفته بود که چارلز با ناراحتی او را با نام کوچک خطاب قرار داد و فریاد کشید:

- ژزف ...

گاسکوین ایستاد و به سمت چارلز نگاه کرد. چارلز با خشم فراوان ادامه داد:

- ... مسیح ... نباید زنده بمونه ... نباید زنده بمونه ...

گاسکوین درحالیکه به کیف دستی اش اشاره می کرد، جواب داد:

- زنده نمی مونه ... نمی مونه.

گاسکوین به طرف هلی کوپتر رفت و چارلز همچنان به آزمایشگاه خیره ماند. خوب که دقت می کردی آتش شعله های خشمی که در چشمان چارلز دیده میشد، از آتش سوختن آزمایشگاه بیشتر بود. او به هیچ وجه فکر نمی کرد که کسی بتواند نقشه هایش را بهم بزند. چارلز تصور می کرد که می تواند به راحتی پیروز شود، زیرا از قبل فکر همه چیز را کرده بود، به جز مسیح، که حالا سدّ راهش شده بود.

❉❉❉

قبل از پل، هیتلر کلافه و عصبی در جیپ منتظر نشسته بود که مسیح و اریکسون از میان اتومبیل هایی که بر روی پل ترافیک کرده بودند، خارج شدند و به سمت جیپ آمدند. هیتلر خودش را کمی جمع و جور کرد و در حالیکه صاف می نشست، رویش را به سمت دیگری چرخاند. اریکسون با کمی فاصله پشت سر مسیح می آمد. آنها به کنار جیپ رسیدند و ایستادند. هیتلر همانطور مغرور نشسته بود و هیچ توجه ای به آنها نکرد. مسیح نگاه تأسف باری به هیتلر انداخت و به آرامی گفت:

- سلام.

هیتلر به آرامی رویش را برگرداند و با تکبر نگاهی به سرو وضع مسیح انداخت. سپس سرش را به علامت جواب سلام کمی تکان داد و بعد با عصبانیت به اریکسون گفت:

- پس چی شد؟

اریکسون دستپاچه جواب داد:

- اِ ... قربان من از طرف شما قول دادم که اگر با ما همکاری کنند، شما هم در مقابل امتیازهای زیادی بهشون می دید.

هیتلر کلافه و خشمگین به اریکسون نگاه کرد. اریکسون سرش را پایین انداخت. هیتلر با لحنی مغرورانه رو به مسیح گفت:

- هر چند که من اهل باج دادن نیستم ... اما این بار فرق می کنه ... سعی می کنم در آینده جبران کنم.

مسیح با متانت گفت:

- من برای باج گرفتن، نیومدم.

هیتلر می دید که چاره ای جز مصالحه با مسیح ندارد به همین خاطر با لحن آرام تری گفت:

- ببینید ... می دونم ... می دونم، برای یک مرد خدا سخته که چیزی رو به عنوان رشوه قبول کنه. خب، کار دیگه ای می کنیم ... من در آینده دستور می دم، همه ی مردم دنیا دین مسیحیت رو بپذیرند. ها؟ ... این چطوره؟

مسیح با تمسخر سرش را به علامت منفی تکان داد. هیتلر ادامه داد:

- مگه خداوند این فرمان رو نداده بود که همه ی مردم دنیا رو به دین مسیحیت دربیارید؟

مسیح جواب داد:

- اگه این طور بود خداوند تدبیر دیگه ای می کرد.

هیتلر گفت:

- خب شاید خداوند منو وسیله قرار داده تا به دینش کمک کنم.

مسیح گفت:

- خداوند دینی نداره ... اون بی نیاز از همه چیزه ... دین برای راهنمایی انسانه.

هیتلر بی حوصله گفت:

- هرچی که هست من با این کارم می تونم به خداوند در اجرای حکمش کمک کنم.

مسیح با تأسف گفت:

- فکر می کنی خداوند به تو نیازمنده؟

هیتلر دیگر سردرگم شده بود و نمی دانست چه جوابی بدهد. مسیح ادامه داد:

- اونقدر تکبر و خودبینی وجود تو رو فرا گرفته که حتی خداوند رو به خودت محتاج می بینی.

هیتلر با ناراحتی فریاد زد:

- پس از من چی می خوای؟

مسیح با تأسف جواب داد:

- فقط ... یه کم انسانیت.

هیتلر با ناراحتی از جیپ پیاده شد و رو در روی مسیح ایستاد. او با خشم به چشمان مسیح نگاه می کرد. اما در مقابل، مسیح با آرامش به او نگاه می کرد. بعد از چند لحظه که آنها به همین حالت به چشمان یکدیگر نگاه کردند. هیتلر با لحنی تهدید آمیز گفت:

- ببینید ... من در سال های جنگ جهانی دوم تا جای ممکن با مسیحیان خوب بودم. کاری نکن که احساس پشیمونی کنم.

مسیح در پاسخ، فقط سرش را با تأسف تکان داد. هیتلر با تکبر ادامه داد:

- شاید شما منو یک جنایتکار بدونید اما من واقعاً با مسیحیان خوب بودم. اگر هم در جنگ، مسیحی کشته شده تقصیر من نبوده، جنگ جهانی بود ... همه می جنگیدند ... نمی تونید فقط منو مقصر بدونید ... البته کتمان نمی کنم که از یهودی ها بدم می اومد. نمی خواستم کس دیگه ای دین یهود رو انتخاب کند ... به همین خاطر دستور قتل عام یهودی ها رو صادر کردم ... اینکه برای مسیحیان بد نبود.

مسیح با ناراحتی گفت:

- تو حق نداشتی اونها رو به خاطر دین شون بکشی ... اون انسانها حق داشتند تا هر دین الهی رو که می خواستند انتخاب کنند. این حق رو خداوند به انسان ها داده ... تو کی هستی که این حق رو از اون انسانها گرفتی؟

هیتلر محکم و عصبانی فریاد زد:

- من هیتلر هستم.

مسیح با لحنی تمسخیر آمیز گفت:

- تو موجود حقیری هستی که عقده های روانیت رو پشت شعارهای برتری نژادی و سر بلندی کشورت پنهان کردی.

هیتلر که از این همه توهین در خشم می سوخت فریاد زد:

- نه ...

مسیح ادامه داد:

- تو با عقاید زشت و تنفر انگیزت، نه تنها دنیا رو به آتیش کشیدی بلکه برای مردم کشورت ذلت و خواری و برای دنیا بدبختی و ویرانی به جا گذاشتی.

باز هم هیتلر با همان خشم فریاد زد:

- نه ...

و مسیح ادامه داد:

- بله ... و حالا برگشتی که دوباره دنیا رو به آتیش بکشی ... اما من نمی ذارم.

چهره ی هیتلر عرق کرده و قرمز شده بود و از شدت خشم نفسش به شماره افتاده بود، چنانکه بریده بریده گفت:

- من ... باید ... ازاین ... پل ... عبور کنم...

مسیح در حالیکه با حرکت سرش جواب منفی می داد، گفت:

- دیگه نمی ذارم آدم پستی مثل تو، دنیا رو به آتیش بکشه.

سپس مسیح برگشت و به سوی پل براه افتاد. هیتلر در حالیکه می لرزید کلت کمریش را بیرون کشید و به طرف مسیح نشانه رفت و فریاد زد:

- بایست...

مسیح که چند قدم بیشتر نرفته بود با صدای هیتلر ایستاد و رویش را به طرف هیتلر برگرداند. دستان هیتلر می لرزید و چهره اش به شدت عرق کرده بود. او با لحنی سر خورده گفت:

- تو ... تو هیچی نمی دونی ... من پست نیستم ... من در زمان خودم بهترین بود ... ای ... این نشون می ده که من از یک نژاد برترم ... نه ... من پست نبودم.

مسیح درحالیکه به طرف هیتلر می آمد با تأسف گفت:

- تو ... تو از یک نژاد پستی ... نژادی که صفات خوب و زیبای انسانی توی قلب شون مرده ...

حالا مسیح جلوی هیتلر رسیده بود و کلت هیتلر سینه ی مسیح را نشانه رفته بود. مسیح ایستاد و ادامه داد:

- یکی مثل تو ... توی قلبش به جز خودبینی ... حرص ... قدرت طلبی و خونخواری، چیز دیگه ای هم هست؟ ... تو جز یک موجود حقیر و گناهکار، هیچی نیستی.

هیتلر کاملاً کنترلش را از دست داده بود و چنان بدنش می لرزید که حتی کلت هم در دستش تکان می خورد. چشمانش از حدقه بیرون

زده بود و قطره های عرق از صورتش بر روی لباسش پایین می افتاد. او دیگر نمی توانست حرف های مسیح را تحمل کند. به همین خاطر درحالیکه لوله ی اسلحه اش به سینه ی مسیح چسبیده بود، ماشه را کشید.

کلت صدای کوچکی داد، اما شلیک نکرد. هیتلر با حالتی بهت زده دوباره ماشه را کشید، اما باز هم کلت صدای کوچکی داد و شلیک نکرد. تازه هیتلر فهمید که اسلحه اش خالی است. هیتلر درمانده و بهت زده به مسیح خیره مانده بود. مسیح با لبخندی تأسف آمیز گفت:

- آدم های خودبین، همیشه سعی دارند حقیقت رو بکشند ... اما غافلند که حقیقت، کشتنی نیست.

مسیح درحالیکه سرش را به علامت تأسف تکان می داد، برگشت و به طرف پل رفت. دست هیتلر شل شد و کلت از دستش بر زمین افتاد.

هیتلر در تمام مدت عمرش چنین شکستی نخورده بود. حالا هم دنیا و هم آخرت را با هم از دست داده بود. طوری بی رمق شد که دیگر نمی توانست بر روی پاهایش بایستد. به همین خاطر تعادلش را از دست داد و در حال افتادن به زمین بود که اریکسون به کمکش آمد و زیر بغلش را گرفت. هیتلر کاملاً گیج و درمانده، مانند دیوانه ها به اطراف نگاه می کرد. اریکسون به او کمک کرد و او را بر روی صندلی عقب جیپ نشاند. هیتلر مانند دیوانه ها از اریکسون پرسید:

- من ... من از یک نژاد پستم؟

اریکسون جواب داد:

- این طور نیست، قربان!

هیتلر گیج و مَنگ به دور دست خیره شد و نا امید ادامه داد:

- اون مسیحه ... اون ... هر چی بگه درسته ... من از بچه گی عقده ای بودم ... احساس حقارت زجرم می داد ... همیشه می خواستم که خلافشو ثابت کنم ... می خواستم قدرتمندترین مرد دنیا بشم و ثابت کنم که من ... از همه برترم.

اریکسون گفت:

- قربان، شما هنوز هم برتر هستید ... شما فرمانده ی ما هستید ... نباید خودتون رو ببازید.

هیتلر با درماندگی لبخند تلخی زد و گفت:

- من ... من فرمانده ی شما هستم؟ من ... اینقدر حقیرم که حتی شما هم به من اطمینان ندارید ... به من اسلحه ی خالی دادید.

بله این حقیقت داشت. زیرا اریکسون قبلاً این حدس را زده بود که اگر زمانی هیتلر عصبانی شود، ممکن است هر کسی را هدف قرار دهد. به همین دلیل اسلحه خالی به کمر هیتلر بسته بود.

اما حالا اریکسون چاره ای نداشت. او با تردید و دودلی به راننده اشاره کرد. راننده کلت کمری اش را بیرون آورد و آن را به اریکسون داد. اریکسون کلت را به سمت هیتلر گرفت. هیتلر بدون اینکه به کلت نگاه کند به آرامی آن را از اریکسون گرفت و بر روی پایش گذاشت و با همان حالت مأیوس و بهت زده به دور دست خیره ماند.

ولی اریکسون نمی خواست قبول کند که شکست خورده اند، چون پای جانش در میان بود. به همین دلیل به هیتلر گفت:

- من الان میرم و هر طوری که شده مسیح رو وادار به همکاری می کنم.

هیتلر به او جوابی نداد. انگار که در این دنیا نبود و صدای او را نمی شنید. اریکسون به راننده اشاره کرد که مراقب هیتلر باشد. سپس برگشت و به سمت پل دوید.

❊❊❊

مسیح تازه بالای تپه ی کوچک رسیده بود و می خواست صحبت هایش را ادامه بدهد که ناگهان صدای هلی کوپترها آرامش محیط و مردم را برهم زدند. مردم هراسان در حال هم همه بودند و به آسمان اشاره می کردند. هلی کوپتر های سرهنگ مک کارتی بالای سر ستون زرهی و پل رسیده بودند. آنها درحالیکه مانور می دادند، موقعیت ستون زرهی را تحت نظر گرفتند.

بعد از چند لحظه هلی کوپترها در کنار ستون زرهی به سطح زمین نزدیک شدند. کماندوها از هلی کوپترها پایین پریدند و اسلحه های شان را به طرف ستون زرهی نشانه رفتند. سپس هلی کوپترها کمی بالاتر رفتند و با حفظ فاصله بالای سر ستون زرهی ماندند.

اریکسون رفته بود و هیتلر هم مانند یک مجسمه در جیپ نشسته بود و عملاً افراد ستون زرهی بدون فرمانده مانده بودند و نمی دانستند که چه باید بکنند. به همین سبب آنها هیچ حرکتی انجام نمی دادند. کاروان زرهی هیتلر از هوا و زمین محاصره شده بودند و چاره ای جز تسلیم نداشتند. بعد از چند لحظه افراد ستون زرهی درحالیکه دستانشان را به علامت تسلیم بالا گرفته بودند، یکی پس از دیگری از تانک ها و نفربرها پیاده می شدند.

سرهنگ مک کارتی و سرگرد گیوم به همراه چند کماندو در نزدیکی جیپ هیتلر از هلی کوپترشان پایین پریدند.

***

در آن سوی پل اریکسون هم از تپه ی کوچک بالا آمده و کنار مسیح ایستاده بود که یک هلی کوپتر پشت سر جمعیت پایین آمد و چند کماندو را پیاده کرد و بالا رفت. کماندوها دور تا دور جمعیت، در حال آماده باش ایستادند.

***

در این سوی پل با حرکت دست سرهنگ مک کارتی، کماندوها به طرف تانک ها و نفربرها رفتند تا افراد تسلیم شده ی ستون زرهی را دستگیر کنند. به این ترتیب افراد ستون زرهی بدون هیچ مقاومتی دستگیر شدند.

سرهنگ مک کارتی به همراه سرگرد گیوم به سمت جیپ هیتلر آمدند. چند کماندو جیپ را محاصره کرده بودند. راننده ی جیپ درحالیکه دستانش را بر سرش می گذاشت، بر روی زمین زانو زد.

سرهنگ مک کارتی و سرگرد گیوم از گروهبان کیدی شنیده بودند که کسی شبیه هیتلر این گردان زرهی را فرماندهی می کند اما قبول این موضوع برایشان غیر قابل باور بود. به همین جهت وقتی آنها به نزدیکی جیپ رسیدند، ایستادند و با تعجب و ناباوری به هیتلر نگاه کردند. سرهنگ مک کارتی به هیتلر نزدیک شد و فهمید که او مسلح است. هیتلر بی تفاوت بر صندلی عقب نشسته بود و در مقابل اتفاقاتی که در اطرافش می افتاد، هیچ عکس العملی نشان نمی داد. او همچنان

با چشمانی خیره به دور دست نگاه می کرد. سرهنگ مک کارتی با حفظ فاصله و با احتیاط ایستاد و هیتلر را خطاب قرار داد:

- بهتره خودتونو تسلیم کنید ... عملیات تون شکست خورده.

هیتلر بدون اینکه به سرهنگ نگاه کند، اسلحه کلتی را که روی پایش داشت، بالا آورد و لوله ی آن را بر شقیقه ی خودش گذاشت و مأیوسانه گفت:

- این بار هم بازی رو باختم.

سرهنگ مک کارتی با عجله گفت:

- بهتره کار احمقانه ای انجام ندید.

هیتلر درحالیکه نا امیدانه به دور دست خیره مانده بود، ادامه داد:

- وقتی مسیح هست ... دیگه ... جایی برای من نیست.

این آخرین کلماتی بود که از دهان هیتلر خارج شد و بعد ماشه ی کلت را کشید. این بار کلت در دست او با صدایی بلند، شلیک کرد. سر هیتلر به عقب بر روی صندلی افتاد و دیگر حرکتی نکرد. سرهنگ مک کارتی و سرگردگیوم هر دو جلوتر آمدند و با تعجب به بدن بی جان هیتلر خیره ماندند. این اتفاق برایشان بسیار عجیب بود و سؤالات زیادی در ذهنشان میگذشت که: « این مرد چقدر شبیه هیتلر بود! ... آیا این مرد واقعاً خود هیتلر بود؟! پس چطور دوباره زنده شده؟! اینجا چه کار می کنه؟! و ... »

✸✸✸

در همین موقع هلی کوپتر گاسکوین رسید. هلی کوپتر پشت سر جمعیت و با فاصله، به آرامی پایین آمد و نشست. گاسکوین درحالیه کیفش در دستش بود به همراه یک مرد مسلح از آن پیاده شد.

اریکسون از دور گاسکوین را دید و او را شناخت. او از دیدن گاسکوین خوشحال شد، زیرا آنها هر دو برای چارلز کار می کردند. حالا گاسکوین می توانست او را از این مخمصه نجات دهد. به همین دلیل اریکسون با عجله از تپه ی کوچک پایین آمد و درحالیکه مردم را کنار می زد به طرف گاسکوین رفت. هلی کوپتر در حال خاموش شدن بود و گاسکوین به سمت مردم می آمد که اریکسون از جمعیت خارج شد و به او رسید. اما قبل از اینکه حرفی بزنند، مرد مسلح همراه گاسکوین دستان او را گرفت و از جلو دستبند زد. اریکسون درحالیکه ناباورانه به گاسکوین نگاه می کرد، او را با نام کوچک صدا کرد و پرسید:

- ژزف، این کارها برای چیه؟!

گاسکوین درحالیکه کنار اریکسون می ایستاد و به جای دیگری نگاه می کرد، صورتش را به گوش اریکسون نزدیک کرد و آهسته گفت:

- بهتر خفه شی ... منو تو همدیگر رو نمی شناسیم ... فهمیدی؟...

اریکسون گیج و وحشت زده بود و نمی دانست چه بگوید. گاسکوین برای تأکید بر حرفش گفت:

- هوم؟...

اریکسون وحشت زده با حرکت سرش جواب مثبت داد، گاسکوین ادامه داد:

- خب، حالا بهتره خیلی سریع به من بگی که اینجا چه اتفاقی افتاده.

***

در همان موقع و قبل از پل، سرهنگ مک کارتی به سرگرد گیوم دستور داد تا ترتیب انتقال ستون زرهی و اُسرا را بدهند، وقتی سرگرد می رفت تا دستور سرهنگ را اجرا کند، گروهبان کیدی و پلیسهای همراهش به سرهنگ مک کارتی نزدیک شدند. گروهبان کیدی در حالیکه جلو می آمد خودش را معرفی کرد و سرهنگ با خوشحالی او را پذیرفت و به خاطر هوشیاری و وظیفه شناسی اش از او تشکر کرد. سپس از او پرسید:

- خب گروهبان، جریان این ترافیک چیه؟!

گروهبان کیدی جواب داد:

- دقیقاً نمی دونم ... اما فکر می کنم کار همونه که ادعا می کنه، مسیحه.

سرهنگ با تعجب گفت:

- ادعا میکنه که مسیحه؟!

گروهبان کیدی گفت:

- بله قربان.

سرهنگ با سردرگمی گفت:

- خدای من! یه نفر رو می گیریم که کاملاً شبیه هیتلره ... حالا یه نفر هم هست که میگه مسیحه ... من که دارم دیوونه می شم ... بهتره بریم ببینیم این آقای مسیح، کیه؟

❋❋❋

اما در آن سوی پل، مردم هنوز گیج و سردرگم بودند و نمی دانستند که چه اتفاقی افتاده است. کماندوهایی که دور جمعیت بودند، اجازه نمی دادند کسی متفرق شود. هلی کوپتر گاسکوین کاملاً خاموش شده بود و حالا گاسکوین با فاصله از جمعیت ایستاده بود و اریکسون کل اتفاقات را به صورت خلاصه برایش تعریف کرد. گاسکوین با لحنی تهدیدآمیز به او گفت:

- خوب گوش کن ... اگه می خوای جون سالم از این مهلکه بیرون ببری باید با من همکاری کنی ... فهمیدی؟

اریکسون گفت:

- ولی ...

گاسکوین حرفش را قطع کرد و محکم گفت:

- ولی نداره ... اگه نقشت رو خوب بازی کنی، زنده می مونی و گرنه خودم همین جا می کشمت، فهمیدی؟

اریکسون وحشت زده با حرکت سرش جواب مثبت داد. نگاه گاسکوین متوجه پل شد. سرهنگ مک کارتی به همراه گروهبان کیدی و چند کماندو و چند پلیس از آخرین کامیون روی پل عبور کرده و به طرف گاسکوین می آمدند. سرهنگ درحالیکه می آمد به کماندوهایش گفت که به طرف تپه ی کوچک بروند و مراقب اوضاع باشند. کماندوها به طرف جمعیت رفتند و سرهنگ همانطور که به راه رفتن ادامه می داد به گاسکوین اشاره کرد و به گروهبان کیدی گفت:

- بعداز هر درگیری سروکله ی این پیدا می شه ... خدا می دونه که این بار چه نقشه ای تو سرش داره.

گاسکوین از اریکسون فاصله گرفت و چند قدم به سمت سرهنگ مک کارتی آمد. آنها به یکدیگر رسیدند و با هم دست دادند. گاسکوین با لبخند گفت:

- مک کارتی ... خیلی وقت می شه که ندیدمت ... از دیدنت خوشحالم ...

سرهنگ با بی میلی پاسخ داد:

- من هم همین طور.

گاسکوین به گروهبان کیدی اشاره کرد:

- این آقا رو تا به حال ندیدم.

سرهنگ گفت:

- ایشون گروهبان کیدی است.

گاسکوین با گروهبان کیدی دست داد و خطاب به او گفت:

- اوه بله ... گروهبان کیدی ... نقش شما در این عملیات بسیار تحسین برانگیز بود، حتما برای ترفیع درجه تون صحبت می کنم ... شما باید پیشرفت کنید.

گروهبان با خوشحالی تشکر کرد. گاسکوین به پل اشاره کرد و ادامه داد:

- ترتیب این اتومبیل هارو می دی؟

گروهبان با خوشحالی اطاعت کرد و بعد از سرهنگ مک کارتی اجازه ی رفتن گرفت. سرهنگ با حرکت سرش به او اجازه ی دفتن داد سپس

گروهبان و افرادش به سوی جمعیت رفتند تا برای جابجا کردن اتومبیل ها و کامیونها، راننده هایشان را از جمعیت پیدا کنند.

گاسکوین به سرهنگ گفت:

- من مأموریت دارم به کمک تو این ماجرا رو تمومش کنم.

سرهنگ با لبخندی تمسخر آمیز و به کنایه جواب داد:

- دیر اومدی ... ماجرا تموم شد ... ما همه رو دستگیر کردیم.

گاسکوین به تپه ی کوچک اشاره کرد و گفت:

- قسمت اصلی این ماجرا باقی مونده.

سرهنگ با تعجب پرسید:

- چه ماجرایی؟

گاسکوین جواب داد:

- اون کسی که شما گرفتید، ادعا می کرد، هیتلره ... و این هم که مردم رو دور خودش جمع کرده ادعا می کنه که حضرت مسیحه. شما هیتلر و گروهش رو دستگیر کردید.

سرهنگ سریع جواب داد:

- اون خودش رو کشت.

گاسکوین با حالتی طعنه آمیز به تپه اشاره کرد:

- ولی این هنوز زنده است.

سرهنگ بهت زده گفت:

- منظورت چیه؟!

گاسکوین با لحنی حق به جانب به کیفش اشاره کرد و ادامه داد:

- من یک سری مدارک همراه خودم دارم که نشون میده اون مرد، نه تنها مسیح نیست، بلکه یک تروریست خطرناکه.

سرهنگ گفت:

- خب ما دستگیرش می کنیم.

گاسکوین گفت:

- اما بالایی ها این رو نمی خوان.

سرهنگ گفت:

- نمی خوان؟!

گاسکوین گفت:

- دستور محرمانه است ... اون چه تروریست باشه، چه نباشه ... باید کشته بشه.

سرهنگ بهت زده و متعجب به پل نگاه کرد. اتومبیل هایی که بر روی پل ترافیک کرده بودند، یکی یکی در حال حرکت بودند و پل را ترک می کردند. برای او درک این مسأله که مسیح باید کشته شود، بسیار سخت بود. به همین خاطر گفت:

- اگه اون نبود و این ترافیک رو به وجود نمی آورد ... الآن ما نمی تونستیم جلوی هیتلر رو بگیریم و دنیا با یک

فاجعه‌ی اتمی روبرو میشد. این خودش یه معجزه است. شاید واقعاً مسیح باشد.

گاسکوین با لحنی محکم‌تر جواب داد:

- حتی اگه واقعاً هم مسیح باشه ... برای ما خطرش کمتر از هیتلر نیست.

سرهنگ که نمی توانست حرف های گاسکوین را هضم کند، گفت:

- من که نمی فهمم! ...

گاسکوین گفت:

- چطور نمی فهمی؟ ... اگه واقعاً مسیح باشه، می تونه مردم رو علیه سلاح های اتمی، علیه لشکر کشی های نظامی، علیه سیاست های سلطه گرانه ی ما و حتی علیه حکومت، تحریک کنه ... این کارش نه به سود منو تو، و نه به سود بالایی هاست ... در حقیقت بودن مسیح، مساوی با از دست دادن خیلی چیزها، برای ماست.

سرهنگ مک کارتی که این حرفها نمی توانست قانع اش کند، گفت:

- ولی من میگم بهتره که دستگیرش کنیم.

گاسکوین گفت:

- بهتره منطقی فکر کنی ... اگه مردم دنیا بفهمند که ما مسیح رو دستگیر کردیم، چه عکس العملی نشون میدن؟

سرهنگ گفت:

- از کشتنش که بهتره!

گاسکوین پاسخ داد:

- اما من از طرف مقامات بالا دستور دارم اونو به عنوان یک تروریست معرفی کنم و مردم رو تحریک کنم تا اونو بکشند ... اگه تروریست باشه مردم یک جنایت کار رو کشتند و اگر هم مسیح باشه مسئولیتش پای دولت نیست. چون مردم اونو کشتند.

سرهنگ مک کارتی با لحنی مسخره گفت:

- اگه معجزه کنه، مردم اونو نمی کشند.

گاسکوین با لبخندی شیطانی جواب داد:

- قبل از این که معجزه کنه کارش رو تموم می کنیم.

سرهنگ مک کارتی با لحنی متأسف گفت:

- چی بهت وعده دادند؟

گاسکوین بدون این که جوابی بدهد، خندید. سرهنگ ادامه داد:

- باورم نمی شه ... تو واقعاً می خوای این کار رو بکنی؟

گاسکوین گفت:

- اگه من نکنم، کس دیگه ای انجامش میده. چاره ای ندارم.

سرهنگ با ناراحتی گفت:

- من که کمکت نمی کنم ... این کارت خیلی کثیفیه.

گاسکوین با طعنه گفت:

- تو میگی که کار من کثیفه؟

سرهنگ محکم گفت:

- بله ... این یک گناه بزرگه.

گاسکوین با لحنی تمسخر آمیز گفت:

- بهتره به یادت بیارم که من در اینجا قصد دارم یک نفر رو بکشم، اما تو و همکارانت در سراسر دنیا روزی صدها نفر رو می کشید ... شاید این اتهامش، تروریست بودنش باشه ... اما اون ها که شما می کشید اتهام شون دفاع از کشورشونه ... من یک مرد رو می کشم، اما شما به زن ها و بچه ها هم رحم نمی کنید ... حتی خونه هاشونو رو سرشون خراب می کنید ... حالا کار کدوممون کثیف تره؟ گناه کدوممون سنگین تره؟

گویا سرهنگ شرمنده شده بود چون هیچ جوابی نداشت که بدهد. او فقط با دلخوری و ناراحتی رویش را برگرداند و ساکت شد. گاسکوین برگشت و به طرف اریکسون به راه افتاد تا نقشه اش را عملی کند.

برروی تپه ی کوچک یک کماندو کنار مسیح ایستاده بود و پایین تپه ی کوچک چند کماندوی دیگر رو به مردم ایستاده بودند. مردم که از واقعیات حوادث اخیر با خبر نبودند با هم بحث و هم همه می کردند و در مورد اتفاقات پیش آمده، هر کدام چیزی می گفتند.

گاسکوین به همراه اریکسون از میان مردم عبور کردند تا به تپه ی کوچک رسیدند. اریکسون پایین ایستاد و گاسکوین از تپه ی کوچک بالا رفت، او رو بروی مسیح رسید و ایستاد. برای لحظه ای چشمان گاسکوین در چشمان زیبای مسیح خیره ماند. چیزی نمانده بود که او محو

روحانیت چشمان مسیح شود. اما خیلی سریع به خودش آمد و نگاهش را از مسیح برگرداند. کیفش را زمین گذاشت و کنار مسیح ایستاد. گاسکوین کماندوی کنار مسیح را پایین فرستاد و با حرکت دستانش از مردم خواست که ساکت شوند.

مردم متوجه گاسکوین شده و کم کم آرام شدند. گاسکوین خطاب به مردم با صدای بلند گفت:

- دوستان عزیز ... دوستان من ... ما امروز تونستیم جلوی یک عملیات تروریستی بزرگ رو بگیریم.

مردم مشتاقانه تر گوش دادند. گاسکوین ادامه داد:

- یک گروه تروریستی با تعداد زیادی تانک و نفربر تصمیم داشتند به پایگاه اتمی حمله کنند و بعد از تصرف اونجا با موشک های اتمی تمام نقاط کشور و دنیا رو هدف قرار بدند. اونها با عوامل خود فروخته ای که در حکومت و ارتش داشتند، می خواستند با یک کودتا قدرت رو در دست بگیرند.

مردم با تعجب هم همه می کردند. گاسکوین ادامه داد:

- اونها برای رسیدن به هدف شون می خواستند کشور رو به خاک و خون بکشند. اما ما با کماندوهای ارتش تونستیم جلوشونو بگیریم ... ما تروریست هایی رو که در این توطئه شرکت داشتند، دستگیر کردیم ... البته بجز یک نفر که رئیس این گروه خرابکاری بود، به نام آقای " **مایکل فاستر** ".

باز هم مردم با صدای بلند هم همه کردند. هر کسی نظری می داد. گاسکوین ادامه داد:

- این آقای فاستر، ده ها عملیات تروریستی رو به تنهایی رهبری کرده و هر بار هم با ترفندی خاص از دست پلیس فرار کرده ... چون برای انجام کارهاش از چهره های متفاوتی استفاده می کنه ... اما اینبار نتونست فرار کنه ...

مردم کنجکاو شده و کاملاً ساکت بودند، آنها می خواستند بقیه ی حرفهای گاسکوین را بشنوند. گاسکوین به طرف مسیح رفت و درحالیکه دور مسیح می چرخید و او را برانداز می کرد، به حرف هایش ادامه داد:

- ... اون مردیه، خوش تیپ، خوش قیافه ... با صدایی گیرا ... اون می تونه دیگران رو خیلی زود به خودش جذب کنه ... اما این بار برای عملی شدن نقشه اش با وقاحت و بی شرمی تمام خودش رو ...

با دست به مسیح اشاره کرد و محکم و بلند گفت:

- ... مسیح معرفی کرده.

جمعیت با سروصدا در مورد واقعی بودن مسیح با هم بحث می کردند. در این میان فقط جسی بود که به واقعی بودن مسیح ایمان داشت. او از حرف های گاسکوین ناراحت شده بود و سعی می کرد که برای مردم توضیح بدهد که مسیح واقعی است. آقای جفرسون در میان جمعیت جلوتر آمد و با صدای بلند گاسکوین را خطاب قرار داد و گفت:

- صبرکنید ... این مرد با از خود گذشتگی، توی آتیش رفت و دخترم رو نجات داد.

مردم با هم همه حرف های جفرسون را تأیید می کردند. حتی یکی از مردم با صدای بلند گفت:

- راست میگه، اون توی آتیش رفت ولی چیزیش نشد.

گاسکوین با حرکت دستانش از مردم خواست آرام تر شوند. وقتی مردم کمی آرام شدند، گاسکوین گفت:

- بله ... اون توی آتیش رفت و نسوخت ... و سالم موند ... این حقه ها دیگه قدیمی شده ... چطور شما متوجه نشدید؟

گاسکوین سرش را به حالت تمسخر آمیزی تکان داد. سپس فندکی را از جیبش بیرون آورد و به مسیح نزدیک شد. او قسمتی از لباس مسیح را بالا آورد، فندک را روشن کرد و درحالیکه آن را زیر لباس مسیح می گرفت، طوری ایستاد که همه ببینند.

شعله ی فندک برای چندین ثانیه به پارچه لباس مسیح خورد اما لباس آتش نگرفت. مردم با حیرت به یکدیگر نگاه می کردند. شعله ی فندک همچنان به پارچه لباس مسیح می خورد ولی خبری از آتش گرفتن پارچه نبود. گاسکوین فندک را خاموش کرد و درحالیکه به لباس مسیح اشاره می کرد، گفت:

- می بینید؟ ... این لباس از پارچه ی نسوز درست شده.

حرف های گاسکوین کار خودش را کرد و شک و تردید در دل مردم انداخت. صدای هم همه ی مردم باز هم بالا رفت. حالا حتی آقای جفرسون هم با تردید به مسیح نگاه می کرد و درحالیکه علامت صلیبی بر سینه اش می کشید، عقب رفت. در این میان فقط جسی بود که دلیل آتش نگرفتن لباس مسیح را می دانست. زیرا به سفارش او لباس مسیح

از پارچه نسوز درست شده بود. به همین خاطر او سعی داشت تا با مردم صحبت کند و برای آنها توضیح دهد. اما کسی به حرف او گوش نمی داد و صدایش به جایی نمی رسید. گاسکوین گفت:

- به همین دلیل بوده که لباس این آقای به ظاهر مسیح، نه تنها در آتیش نسوخته ... بلکه از او در مقابل آتیش محافظت کرده.

حالا در پایین تپه ی کوچک، رفتار و صحبتهای مردم دیدنی و شنیدنی بود. بیل با خوشحالی به سه دوست ولگردش اشاره کرد و با صدای بلند گفت:

- دیدید؟! ... دیدید؟! ... اون مسیح نیست.

پیتر در گوشه ی دیگر جمعیت، علامت صلیبی بر روی سینه اش کشید و درحالیکه مسیح را خطاب قرار می داد با صدای بلند و با هیجان گفت:

- خدا رو شکر که دروغ گویی تو به همه ثابت شد.

جسی با تقلای فراوان خودش را به کنار تپه ی کوچک رساند. از بین کماندوها عبور کرد و از تپه ی کوچک بالا آمد. او با صدای بلند رو به مردم گفت:

- گوش کنید ... خواهش می کنم گوش کنید.

مردم کم کم آرام تر شدند. جسی ادامه داد:

- من جسی اندرسون دختر پروفسور اندرسون هستم. ما در آزمایشگاه مون که در نزدیکی شهره، بر روی خاک انسان هایی که در زمان های بسیار دور زندگی می کردند،

تحقیق می کنیم و تونستیم DNA اونها رو به دست بیاریم و توسط همون DNA ، اونها رو دوباره زنده کنیم و حضرت مسیح رو با همین روش زنده کردیم و ایشون خود حضرت مسیحه.

صدای هم همه ی مردم دوباره بلند شد. جسی می خواست کاملاً علمی و منطقی صحبت کند اما مردم از حرف های او سر در نمی آوردند. این پروژه کاملاً مخفیانه انجام شده بود و کسی از آن خبر نداشت. حتی اکثراً هم نفهمیدند که جسی چه گفت. به همین خاطر حرف هایش را تکذیب می کردند. از طرفی جسی خودش هم نمی دانست که مسیح با این روش نیآمده بود. با این حال باز هم ادامه داد:

- من حتی شاهد هم دارم.

او به اریکسون که در پایین تپه ی کوچک، با دستان بسته ایستاده بود، اشاره کرد و گفت:

- این مرد ... این مرد که در اینجا ایستاده شاهدِ آزمایش ما و زنده شدن مسیح بوده.

مردم کنجکاوانه از گوشه و کنار سرک می کشیدند تا اریکسون را ببینند و اریکسون وحشت زده خودش را جمع و جور می کرد. گاسکوین با حرکت دستانش از مردم خواست تا آرام شوند. وقتی مردم آرام تر شدند، گاسکوین خطاب به اریکسون با صدای بلند گفت:

- آیا شما گفته های این خانم رو تأیید می کنید؟

مردم سعی می کردند جلو تر بیایند تا چهره ی اریکسون را بهتر ببینند. اریکسون وحشت زده و زیر چشمی به مردم نگاه می کرد و چیزی نمی گفت. گاسکوین دوباره اریکسون را خطاب قرار داد:

- آیا این خانم راست میگن و شما شاهد چنین آزمایشی بودید؟

جمعیت کاملاً ساکت شده بودند. اریکسون وحشت زده و بریده بریده گفت:

- نه ... نه ... من توی اون آزمایشگاه نبودم.

گاسکوین رو به جسی گفت:

- می بینید؟ شاهدتون گفته های شما رو تکذیب می کنه.

سر و صدای مردم بالا رفت. جسی ناباورانه به اریکسون نگاه می کرد و دلیل انکار او را نمی فهمید. با این حال دنبال جوابی برای مردم بود. پس با صدای بلند گفت:

- من می تونم این موضوع رو توی آزمایشگاه ثابت کنم.

گاسکوین با تمسخر گفت:

- اما این غیر ممکنه ... آزمایشگاه شما امروز منفجر شد و کاملاً از بین رفت.

جسی از این حرف گاسکوین یکه خورده و به یاد پدرش افتاد. به همین خاطر با نگرانی پرسید:

- چی؟ ... اونجا منفجر شده؟! ... اما پدرم؟!

گاسکوین با گفتن کلمه "متأسفم" خبر مرگ پروفسور را به جسی داد. اشک در چشمان جسی حلقه زده بود و حالا کاملاً گیج و سردرگم به اطراف نگاه می کرد و با خودش می اندیشید: « یعنی دیگه نمی تونم پدر مهربونمو ببینم؟ »

جسی کنترلش را از دست داده بود و درحالیکه گریه می کرد، پشت سر هم می گفت:

- این نمی تونه درست باشه؟ پدرم ... پدرم ...

او کاملاً مسیح را فراموش کرده بود و فقط گریه می کرد. گاسکوین به یکی از کماندو های پایین تپه اشاره کرد. کماندو بالا آمد و جسی را که در حال گریه کردن بود، به پایین تپه و میان مردم برد. گاسکوین با لحنی دلسوزانه رو به مردم گفت:

- این خانم هم مثل شما تحت تأثیر حرفهای آقای فاستر قرار گرفته ...

او به مسیح اشاره کرد و گفت:

- ... و باورش شده که این آقای فاستر، همون حضرت مسیحه ... و به همین خاطر می خواد کمکش کنه ...

مردم تقریباً باورشان شده بود که گاسکوین درست می گوید. او با لحنی حق به جانب ادامه داد:

- ... من هم مثل شما مسیح رو دوست دارم ... اما نباید هر بی سرو پایی رو مسیح خطاب کنیم.

پیتر در میان مردم با صدای بلند گفت:

- درسته ... اون نه تنها مسیح نیست بلکه به صلیب مقدس هم توهین کرد ... اون حرمت کلیسا رو شکست.

اکثر مردم حرفهای پیتر را تأیید می کردند. در همین موقع بود که جسی به خودش آمد. او در حالیکه در میان مردم می چرخید با گریه و التماس، سعی میکرد که درباره ی آمدن مسیح و لباسهای او توضیح

بدهد اما دیگر فایده ای نداشت، چون کسی به او گوش نمی داد. آنها فقط با سروصدا حرفهای گاسکوین را تأیید می کردند. گاسکوین که کاملاً راضی به نظر می آمد به طرف کیفش رفت، آن را باز کرد و پوشه ای را از داخل آن بیرون آورد و کیف را زمین گذاشت. او از مردم خواست که آرام شوند و بعد رو به مسیح ایستاد و گفت:

- خب آقا ... شما ادعا می کنید که مسیح هستید و امروز دوباره ظهور کردید. درسته؟

مسیح به آرامی گفت:

- بله.

گاسکوین ادامه داد:

- پس قاعدتاً نباید عکسی از شما در هیچ جایی باشه؟

مسیح جوابی نداد، فقط نگاه کرد. گاسکوین یک کاغذ را از پوشه در دستش بیرون آورد و آن را جلوی صورت مسیح گرفت. عکس بزرگی از چهره ی مسیح بالای کاغذ دیده می شد و مشخصات نوشته شده، مشخصات مسیح بود ولی در زیر عکس نام مایکل فاستر نوشته شده بود، با دهها جرم تروریستی که به خاطر آنها توسط پلیس تحت تعقیب قرار داشت. گاسکوین درحالیکه عکس را جلوی صورت مسیح نگه داشته بود، گفت:

- آیا این عکس و مشخصات متعلق به شماست؟

مسیح به آرامی گفت:

- بله.

گاسکوین به طرف جمعیت برگشت و بلند گفت:

- این مرد میگه که حضرت مسیحه و امروز ظهور کرده و در این چند ساعت به جایی یا اداره ای مراجعه نکرده که عکس و مشخصاتش رو بگیرند ...

گاسکوین کاغذی که عکس مسیح بالای آن بود را به سمت مردم گرفت و ادامه داد:

- ... اما این عکس و مشخصات همین آقاست که با نام مایکل فاستر، ماههاست که در دست پلیسه.

ول وله ای در میان مردم به راه افتاد. گاسکوین از تپه ی کوچک پایین آمد و از داخل پوشه ای که در دست داشت، تعداد زیادی از همان عکسهای مسیح را با مشخصات فاستر، در بین مردم تقسیم کرد. مردم برای گرفتن کاغذها و دیدن عکسِ رویِ آنها عجله می کردند. بیل یکی از کاغذها را از دست مردم قاپید و درحالیکه به آن نگاه می کرد، چشمانش از شادی برقی زد. او با خوشحالی کاغذ را بالای سرش گرفت و فریاد کشید:

- می بینید؟ ... می بینید؟ ... اون یه متقلبه ...

جسی یکی از کاغذها را بدست آورد و با تعجب و ناباوری به آن نگاه کرد و با خودش گفت:

- این واقعیت نداره ... نه ... این یه حقه است ...

گاسکوین که کاغذهایش را پخش کرده بود به بالای تپه ی کوچک برگشت و رو به مردم گفت:

- می بینید؟ ... اون مسیح نیست ... بلکه اون یک تروریسته.

در پایین تپه، جوان فلج یکی از کاغذها را ناباورانه نگاه می کرد و درحالیکه اشک در چشمانش حلقه زده بود با بغض رو به مسیح گفت:

- بگو ... بگو که این دروغه ... بگو، بگو که تو مسیح هستی ... بگو که می خوای معجزه کنی ...

مردم کمی آرامتر شدند. مسیح که صدای جوان فلج را می شنید با لحنی متأسف گفت:

- پسرم، صبر داشته باش.

گاسکوین با حالتی مسخره دستانش را باز کرد و رو به جوان فلج گفت:

- بله، پسرم صبر داشته باش و منتظر بمون ... اما تا کی؟ نمی دونم ... چون اون معجزه ای نمی کنه.

مسیح با صدای بلند گفت:

- نه ... من معجزه می کنم ... اما اول باید پیام خداوند رو به شما ابلاغ کنم.

بیل از میان جمعیت فریاد زد:

- تو دروغ می گی، فقط می خوای وقت تلف کنی.

پیتر از سوی دیگر جمعیت فریاد کشید:

- تو به اندازه کافی با حرفهات به مسیح توهین کردی، حالا می خوای به خدا هم توهین کنی؟

گاسکوین رو به مسیح گفت:

- اینقدر مردم رو گول نزن و اعتقادات شون رو به بازی نگیر.

مسیح با لحنی مظلومانه رو به مردم گفت:

- من؟ ... من اعتقادات شما رو به بازی گرفتم؟ ... اون هم اعتقاداتی که خودم ساختم ... کدوم حرف من به مقدسات شما توهین کرد؟ ... من نمی خوام شما رو گول بزنم ... من فقط وظیفه دارم چیزهایی رو برای شما بگم که شامل واقعیتها و زیبائی های زندگیه ... اما شما اونها رو نادیده گرفتید و زندگی تونو بر پایه ی زشتی ها بنا کردید ... شما ...

گاسکوین حرف مسیح را قطع کرد و گفت:

- ببینید، اگر ما بخوایم موعظه بشنویم، کلیسا داریم. در اونجا به اندازه کافی ما رو به راه راست هدایت می کنند. احتیاجی هم به نصایح یک تروریست نداریم.

مردم با هیاهو حرفهای گاسکوین را تأیید می کردند. سروصدای مردم خیلی زیاد بود و به حرفهای مسیح توجه ای نمی کردند. مسیح در میان آن هیاهو خطاب به مردم گفت:

- یعنی شما حاضر نیستید، برای چند لحظه به پیام خداوند گوش بدید؟

اما کسی صدای مسیح را نمی شنید. آنها بی توجه به حرفهای مسیح با صدای بلند با هم بحث می کردند. گاسکوین کمی به مسیح نزدیکتر شد و گفت:

- می خوای برای مردم حرف بزنی که چی بشه؟

مسیح با تأسف گفت:

- که با هم مهربون تر باشند و به هم ظلم نکنند.

گاسکوین با لحنی مسخره گفت:

- این همه سختی می کشی، فقط برای همین؟

مسیح گفت:

- بله، فقط برای اینکه بگم ... به حقوق هم احترام بذارید تا دنیائی پر از صلح و صفا داشته باشیم ... به نظر تو این چیز کمیه؟

گاسکوین که نمی خواست مسیح بر رویش تأثیر بگذارد با لحنی کلافه گفت:

- به هر حال این مردم حرف نمی خوان، معجزه می خوان.

مسیح به مردم نگاه کرد. مردم بی توجه به او در حال بحث کردن با یکدیگر بودند و هم همه می کردند. مسیح با تأسف گفت:

- معجزه برای این مردم، یه بهونه است.

گاسکوین با لحنی شیطانی گفت:

- اگه معجزه نکنی، معلوم نیست چه بلائی سرت میآد. اگه راست میگی بخاطر جونت هم که شده، معجزه کن.

مسیح با ناراحتی و با صدای بلند گفت:

- من به خاطر ترس از جونم معجزه نمی کنم.

مردم که فریاد مسیح را شنیدند، آرام شدند و مسیح رو به مردم گفت:

- چون این من نیستم که معجزه می کنم ... بلکه یک معجزه ... امریه از طرف خداوند، که باید اتفاق بیفته و جون من در مقابل امر خداوند، هیچ ارزشی نداره ... این یک واقعیته ...

گاسکوین با لحنی اعتراض آمیز گفت:

- واقعیت؟ ... می خواید بدونید واقعیت چیه؟ ...

گاسکوین به اریکسون که در پایین تپه ی کوچک ایستاده بود، اشاره کرد که بالا بیاید. همه نگاه ها متوجه اریکسون شد. اریکسون که ترسیده بود و زیر چشمی به اطرافش نگاه می کرد، از تپه ی کوچک بالا رفت و کنار گاسکوین ایستاد. گاسکوین دستش را بر شانه اریکسون گذاشت و خطاب به مردم گفت:

- شما حتماً این مرد رو بخاطر دارید. این مرد قبل از دستگیریش در جلوی شما و روی همین تپه ی کوچک ...

با دستش به مسیح اشاره کرد و ادامه داد:

- ... با آقای مایکل فاستر، یعنی رئیس گروه تروریستی شون صحبت می کرد.

گاسکوین رو به اریکسون پرسید:

- آیا شما جزو این گروه تروریستی که دستگیر شدند، بودید؟

اریکسون با کمی مکث گفت:

- بله.

گاسکوین دوباره به مسیح اشاره کرد و پرسید:

- آیا این آقا رئیس شما بود؟

اریکسون وحشت زده گفت:

- بَ ... بله.

ناگهان صدای فریاد و هم همه مردم بلند شد. مسیح با تأسف سرش را تکان داد و به اریکسون گفت:

- این همه دروغ، به چه قیمتی؟

گاسکوین با صدای بلند از اریکسون پرسید:

- برای چی مردم رو اینجا جمع کردید؟

اریکسون از شدت ترس عرق کرده بود، او زیر چشمی به مسیح نگاه کرد و جوابی نداد. گاسکوین بر سر اریکسون فریاد کشید:

- جواب بده ... نقشه تون چی بود؟

اریکسون با وحشت به مسیح اشاره کرد و بریده بریده گفت:

- او ... اون، قرار بود ... با هر حیله ای که می تونه ... مردم رو ... اینجا جمع کنه ... تا ما از پشت سر مردم به پایگاه حمله کنیم.

گاسکوین گفت:

- و اگه مثل حالا شکست می خوردید ... آقای فاستر چطور فرار می کرد؟

اریکسون جواب داد:

- یه ... یه هلی کوپتر می اومد و اونو می برد.

گاسکوین به هلی کوپتری که پشت سر جمعیت بود و خودش با آن آمده بود، اشاره کرد و پرسید:

- همین هلی کوپتر؟

مردم به هلی کوپتر پشت سرشان نگاه کردند. هلی کوپتر هیچ آرمی یا نشان خاصی نداشت. اریکسون زیر چشمی به آن نگاه کرد و گفت:

- بله، همین هلی کوپتر.

گاسکوین رو به مردم گفت:

- این هلی کوپتر رو ما در وسط راه گرفتیم و نقشه ی آقای فاستر به هم خورد و من با هلی کوپتر به اینجا اومدم تا اونو به عنوان یک سند بهتون نشون بدم.

گاسکوین از اریکسون پرسید:

- اگه موفق می شدید با این مردم چه کار می کردید؟

اریکسون ساکت ماند و جوابی نداد. گاسکوین بر سرش فریاد کشید:

- جواب بده ... قرار بود با این مردم چه کار کنید؟

اریکسون با وحشت گفت:

- مردم رو ... به عنوان گروگان در مقابل شما قرار می دادیم ... تا شما نتونید به ما حمله کنید.

ول وله ی عجیبی در میان مردم افتاد. این بار لحن اعتراض شان با پرخاش و ناسزا نسبت به مسیح همراه بود. مسیح رو به اریکسون آرام گفت:

- فرزندم ... خدا تو رو ببخشه ...

گاسکوین به مسیح اشاره کرد و با صدای بلند گفت:

- اون قصد داشته از شما به عنوان یک دیوار گوشتی در مقابل ارتش استفاده کنه. اون نه تنها مسیح و نجات دهنده شما نیست، بلکه دشمن و نابود کننده شماست.

حرفهای گاسکوین کار خودش را کرد. مردم حالت تهاجمی به خود گرفته بودند. خشم و نفرت نسبت به مسیح در چهره ی تک تک مردم موج می زد. آنها با فریاد مسیح را قاتل و آدمکش صدا می کردند. جسی در میان جمعیت سعی می کرد که نظر آنها را عوض کند. او به آنها می گفت: « که اشتباه می کنند. » اما کسی به او کوچکترین توجه ای هم نمی کرد.

بعضی از مردم در حالیکه به مسیح ناسزا می گفتند، می خواستند که از تپه بالا بروند. اما کماندوها آنها را به عقب هل می دادند و در این میان مسیح با مهربانی و تأسف به مردم نگاه می کرد. گاسکوین تیر آخرش را رها کرد و با فریاد گفت:

- اون می خواسته همه ی شماها رو به کشتن بده ... سزای چنین کسی چی میتونه باشه؟

این حرف او مانند این بود که اجازه ی حمله را برای مردم صادر کرده باشد. مردم به شدت تهاجمی و غیر قابل کنترل شده بودند. آنها

می خواستند از تپه بالا بروند و به مسیح حمله کنند. کماندوها که تعدادشان کم بود، نمی توانستند جلوی هجوم آنها را بگیرند.

در گوشه ای از جلوی جمعیت، بیل و دوستانش در حال کلنجار رفتن با کماندوها بودند که ناگهان بیل مشت محکمی به صورت یکی از کماندوها زد. کماندو به زمین افتاد و حلقه ی محاصره شکسته شد. بیل و دوستان ولگردش از همان نقطه به بالای تپه ی کوچک یورش بردند. مردم هم پشت سر آنها به بالای تپه هجوم آوردند. بقیه ی کماندوها از مقابله دست برداشتند و کنار رفتند. جسی در میان مردم ایستاده بود و سعی می کرد جلوی آنها را بگیرد. او با گریه و التماس از آنها می خواست که به مسیح آسیب نزنند. اما مردم او را کنار می زدند و جلو می رفتند.

در بالای تپه، جز شلوغی و هم همه ی مردم، چیز دیگری دیده نمی شد. مردم به طور وحشیانه ای یکدیگر را هل می دادند تا به مرکز تپه، و جایی که مسیح بود، نزدیک تر شوند. آنها مسیح را در میان گرفته بودند و وحشیانه او را کتک می زدند.

جسی به بالای تپه نگاه کرد. او نه می توانست جلوتر برود و نه دیگر می توانست مسیح را ببیند. فقط با گریه و زاری از مردم می خواست که مسیح را نزنند. مسیح در زیر مشت و لگدهای مردمِ خشمگین گیر افتاده بود و آنها آنچنان مسیح را به این سو و آنسو می کشیدند و می زدند که لباسهایش تکه تکه شد. مردم تکه های لباس مسیح را به این طرف و آن طرف پرتاب می کردند.

در میان ازدحام مردم بدن مجروح مسیح، عریان بر زمین افتاده بود و به جز تکه پارچه ای مانند شورت، چیز دیگری به تن نداشت. انگار مردم وحشی شده بودند، آنها با حرص یکدیگر را هل می دادند تا از تپه ی کوچک بالا بروند و ضربه ای به مسیح بزنند. صحنه ی دلخراش و

وحشتناکی بود، بدن پاک مسیح در زیر مشتها و لگدهای مردم هر لحظه مجروح و مجروح تر می شد.

چند دقیقه به همین منوال گذشت، تا سرانجام بدن مسیح را از روی زمین برداشتند و به تیرک صلیبی شکل روی تپه تکیه دادند. چهره ی زیبای مسیح زخمی و مجروح بود و دیگر رمقی در او دیده نمی شد. مردم با سیم هایی که زیر تیرک افتاده بود، کمر و دستها و پاهای مسیح را به تیرک صلیبی شکل بستند. دست راستش را به فلشی از تیرک که به سمت نیروگاه بود و دست چپش را به فلشی که به سمت شهر سیاه بود، بستند و دقیقاً او را به صلیب کشیدند.

بیل خودش را به پشت تیرک رساند، سیمی را دور گردن مسیح انداخت و آن را محکم به عقب کشید و سر مسیح به تیرک چسبید. حالا مسیح به سختی می توانست نفس بکشد. خون از کنار لب و گونه های مسیح بیرون زده بود. زخم و جراحت در گوشه گوشه ی بدن مطهرش دیده میشد. با این حال مردم او را رها نمی کردند و در حالیکه به او فحش و ناسزا می گفتند، باز هم به صورت و بدنش ضربه می زدند. در میان شلوغی بیل که پشت تیرک ایستاده بود، چاقویش را از جیبش بیرون آورد. دهانش را به گوش مسیح نزدیک کرد و گفت:

- درسته که تو مسیح نبودی اما مثل مسیح می میری.

سپس بیل در میان ازدحام جمعیت، چاقویش را در پهلوی مسیح فرو کرد. از شدت درد، صورت و چشمان مسیح رو به آسمان قرار گرفت. بیل چاقویش را از پهلوی مسیح بیرون کشید و عقب رفت.

ناگهان صدای غرش رعد و برق به گوش رسید و نگاه جمعیت متوجه آسمان شد. ابرهای سیاه و خاکستری در آسمان به یکدیگر می پیچیدند و از برخورد آنها نور ساعقه و رعدوبرق شدیدی به وجود می آمد که

مردم را به وحشت می انداخت. باد شدیدی شروع به وزیدن کرد، انگار طوفان عظیمی در راه بود.

مردم درحالیکه هراسان به آسمان نگاه می کردند، از مسیح فاصله گرفتند. در همین لحظه زمین شروع به لرزیدن کرد و بیش از پیش بر وحشت مردم افزود. زمین چنان می لرزید که کسی نمی توانست بر روی پاهایش بایستد و مردم درحالیکه با وحشت فریاد می زدند، بر روی زمین می افتادند. عده ای هم که بر روی تپه ی کوچک بودند، درحال پایین آمدند، برروی هم می افتادند.

شدت زلزله به قدری بود که کسی نمی توانست قدم از قدم بردارد. لرزش زمین، صدای غرشِ رعدوبرق، هجوم طوفان و فریادِ وحشتِ مردان و زنان، روز محشر را به یاد آدم می آورد. گویی آخر الزمان شده بود.

چند لحظه به همین منوال گذشت. همه ی مردم در پایین تپه بر روی هم یا بر روی زمین افتاده بودند و دیگر کسی بر روی تپه ی کوچک دیده نمی شد. زن ها و مردها از وحشت فریاد می زدند. مسیح به سختی و با زحمت صورتش را رو به آسمان کرد و درحالیکه درد می کشید، نفس زنان گفت:

- خدایا ... ای پدر ... اونها رو ... ببخش ...

بعد از چند ثانیه زمین کم کم از لرزیدن باز ایستاد. صدای رعد و برق قطع شد و طوفان آرام آرام فروکش کرد. ابرهای سیاه به سرعت ناپدید شدند و آسمان صاف شد. مردم درحالیکه بر روی یکدیگر و بر روی زمین افتاده بودند با وحشت و حیرت به اطراف نگاه می کردند و یکی یکی برمی خاستند. جسی به سرعت از زمین برخاست و از میان مردمی که برروی زمین افتاده بودند به سوی مسیح رفت. او از تپه ی کوچک بالا آمد و جلوی مسیح ایستاد که با اندامی مجروح و چهره ای

زخمی به تیرک بسته شده بود. باورش نمی شد که مردم چنین کاری با مسیح کرده باشند. بغض گلویش را گرفته و اشک در چشمان جسی حلقه زده بود. او به مسیح گفت:

- این مردم با شما چکار کردند؟

مسیح به خاطر جراحات و زخم هایش به شدت درد می کشید. او سعی کرد به جسی لبخند بزند اما از چهره مظلومش معلوم بود که درد به او اجازه نمی دهد. جسی دیگر طاقت نداشت، جلو رفت و مسیح را در آغوش گرفت. سرش را به سینه مسیح گذاشت و با صدای بلند گریه کرد. دست جسی نزدیک زخم پهلوی مسیح بود و خونی که از زخم پهلوی مسیح می رفت، دست او را گرم کرد. جسی متوجه گرمای غیر عادی دستش شد و به آرامی دستش را از پشت مسیح به طرف خودش آورد و به آن نگاه کرد. خون تازه دست جسی را کاملاً قرمز کرده بود. او تازه متوجه شد که مسیح چه زخم عمیقی دارد و فهمید که مسیح در حال مردن است. جسی ناباورانه و درحالیکه از شدت گریه هق هق می زد به چهره ی مسیح نگاه کرد. مسیح لبخند تلخی زد و درحالیکه نفس های آخرش را می کشید به سختی گفت:

- اونها ... همیشه ... منو ... می کشند ...

به سختی آب دهانش را قورت داد و با کلمات آخرش گفت:

- ای کاش ... مردم ... مهربون تر ...

دیگر مسیح نتوانست چیزی بگوید و جان به جان آفرین تسلیم کرد. سرش کمی به جلو و به طرف شانه راستش افتاد. سیمی که گردنش را گرفته بود، نمی گذاشت سرش پایین تر بیفتد. چشمان زیبایش باز مانده

بود و دیگر حرکتی نداشت. جسی که شاهد جان دادن مسیح بود درحالیکه گریه می کرد با غم فراوان گفت:

- نه ... نه ... تو برای کمک به این مردم اومدی ... اون وقت ....

شدت گریه به جسی اجازه نداد که به حرفش ادامه بدهد. زانوهایش از بار سنگین این مصیبت سست شده بود و تاب ایستادن نداشت. او جلوی مسیح به حالت سجده بر زمین افتاد و هق هق زنان گریه کرد. لحظه ای نگذشته بود که یک نفر از میان جمعیت به آسمان اشاره کرد و فریاد زد:

- اونجا رو ... خورشید؟! ...

همه ی نگاهها متوجه آسمان شد. لکه ای سیاه به آرامی در حال پوشاندن روی خورشید بود. مانند لحظه ی کسوف، نور خورشید کمتر و کمتر می شد. مردم ساکت اما گیج و مبهوت به یکدیگر و به آسمان نگاه می کردند. همه جا داشت به آرامی در تاریکی فرو می رفت. کم کم مردم فقط سایه ای از یکدیگر را می دیدند. یکی از مردم با وحشت فریاد زد:

- دیدیدا ... دیدیدا ... کسوف شد ...

یکی دیگر با لحن زاری گفت:

- خدای من ... یعنی اون خوده مسیح بود؟! ...

همه جا کاملاً تاریک و تاریکتر شد. لحظه ی وحشتناکی بود، کسی چیزی نمی دید. مردم فقط پچ پچ یکدیگر را می شنیدند. اما تنها چیزی که در آن تاریکی نظر همه را به سوی خودش جلب کرد، نورهائی بودند که مانند ستاره های کوچک از بدن مسیح متصاعد می شدند. جسی متوجه نورهای ستاره مانند شد و در حالیکه از زمین برمی خاست از

مسیح فاصله گرفت. کم کم نورهای ستاره مانند زیاد و زیادتر شدند و حاله ای از نور سفید و شفاف بدن مسیح را احاطه کرد.

نسیمی آرام وزیدن گرفت و موهای مسیح را نوازش داد. همزمان با نسیم، صدایی آسمانی مانند آواز دسته کر کلیسا فضا را پر کرد. بعد از چند لحظه یک شعاع نور از بدن مسیح به سوی آسمان بالا رفت و به جائی که خورشید قرار داشت، متصل شد. شعاع نور لحظه به لحظه سفیدتر و پر نور تر می شد به طوریکه شدت آن چشم مردم را می زد. جسی و مردم دستشان را جلوی چشمانشان گرفتند. دور تا دور تیرک را نور سفیدی پوشانده بود که به آسمان وصل می شد و به جز نور سفید دیگر چیزی دیده نمی شد. شعاع نور بدن مسیح که به آسمان کشیده شده بود، کم کم سطح خورشید را نورانی کرد و لکه ی سیاه از روی خورشید کنار رفت. درحالیکه خورشید آرام آرام نمایان می شد، صدای آسمانی کم کم قطع شد. دوباره نور خورشید همه جا را روشن کرد و همه چیز به حالت عادی برگشت.

اما مردم حالت عادی نداشتند. انگار همگی خشکشان زده بود. آنها خیره به تیرک چشم دوخته بودند و هیچ حرکتی نمی کردند. زیرا چیزی را که می دیدند، باور کردنی نبود. بدن مسیح دیگر بر روی تیرک دیده نمی شد. به همین خاطر جسی و مردم مات و مبهوت به تیرک نگاه می کردند.

لحظاتی به همین منوال گذشت. جسی متوجه تکه پارچه ای از لباس مسیح شد که جلوی پایش بر زمین افتاده بود. او خم شد، آنرا از زمین برداشت و با اشتیاق فراوان آن را بویید. جسی احساس می کرد که پارچه بوی بدن پاک مسیح را می دهد. بعد از چند لحظه تکه پارچه

را مانند روسری بر سرش کرد و دو طرف پایین آنرا با دست چپش بر روی سینه اش گرفت و چشمانش را بست.

احساس آرامش و سبکی خاصی وجودش را فرا گرفته بود. ناگهان صدای آسمانی دسته کر کلیسا به گوش رسید و همزمان، نسیمی آرام به صورت جسی خورد. جسی چشمانش را باز کرد و به دنبال منبع صدا به اطراف نگاه کرد و در آخر نگاهش متوجه آسمان شد. نسیم همچنان به صورت جسی می خورد و او در حالیکه نگاهش متوجه آسمان بود به آرامی چشمانش را بست. بعد از چند لحظه صدای آسمانی قطع شد. جسی کم کم چشمانش را باز کرد. صورتش مانند یک قدیسه به نظر می آمد و دیگر غم و اندوه در چهره اش دیده نمی شد. حالا به جای اینکه گریه کند با تبسم به تیرک خیره مانده بود. مردم یکی یکی زانو می زدن و در حالیکه دعا می خواندند بر روی سینه شان علامت صلیب می کشیدند. پدر دیمی تریوس از میان مردمی که زانو زده بودند، عبور کرد و از تپه ی کوچک بالا آمد. او در حالیکه از کنار جسی می گذشت و به سمت تیرک می رفت، گفت:

- دخترم زانو بزن.

جسی تازه متوجه پدر دیمی تریوس شد و تبسم از صورتش پرید. پدر دیمی تریوس جلوی تیرک زانو زد و مشغول دعا خواندن شد. جسی با ناراحتی به پدر دیمی تریوس نگاه می کرد که ناگهان صدای جوان فلج را شنید که فریاد می زد:

- به من نگاه کنید.

در میان جمعیتی که زانو زده بودند، جوان فلج در جلوی ویلچرش بر روی پاهایش ایستاده بود. او در میان بهت و تعجب مردم به آرامی یک قدم به جلو برداشت. مادر جوان فلج که جلوی او زانو زده بود،

دستانش را بالای رانهای پسرش گذاشت و در حالیکه پاهای او را لمس می کرد و دستانش را تا روی کفشهای او پایین می کشید با گریه گفت:

- تو شفا پیدا کردی، پسرم ... خوب شدی ...

مادر جوان فلج پیشانیش را بر زمین گذاشت و درحالیکه با صدای بلند گریه می کرد، گفت:

- خدایا شکرت ... خدایا شکر ...

اما انگار جوان فلج از شفا یافتنش خوشحال نبود. زیرا او با تأسف و ندامت سرش را به اطراف تکان داد و با بغض گفت:

- می بینی مادر؟ ... می بینی؟ ... ما مسیح رو کشتیم ... اما اون هنوز به ما لطف می کنه ... آخه ما چی هستیم؟ ... به ما هم می شه گفت، آدم؟ ...

جوان فلج با ندامت و درماندگی عقب رفت و خودش را به حالت نشستن بر روی ویلچرش انداخت. او در حالیکه با مشت به پاهایش ضربه می زد با گریه گفت:

- من این پاها رو نمی خوام ... نمی خوام ... از خودم بدم میآد ...

حرفهای جوان فلج مردم را به گریه انداخت. اکثر مردم رو به تیرک بر روی سینه هایشان علامت صلیب می کشیدند و با ندامت از خدا طلب بخشش می کردند. جسی از این رفتار دو گانه ی مردم هم ناراحت بود و هم احساس تعجب می کرد. او درحالیکه قدیسه وار به مردم نگاه می کرد با تأسف گفت:

- شما آدمها ... خیلی عجیب هستید! ... به حرفهای مسیح گوش نمی کنید ... به او که پیام آور خداست احترام نمی ذارید ... اونو با وحشیانه ترین حالت می کشید ... اما ... اما جلوی این تیرک چوبی زانو می زنید و به یک تکه چوب احترام میذارید!

پدر دیمی تریوس در حالیکه بر زانوهایش ایستاده بود، رو به جسی با لحنی حق به جانب و اندهگین گفت:

- دخترم ... مردم مسیح رو نشناختند.

جسی به پدر دیمی تریوس گفت:

- شما چی پدر؟ ... شما هم اونو نشناختید؟...

پدر دیمی تریوس با شرمندگی سرش را پایین انداخت و برای جواب گفت:

- خب ... خب، خودت که شاهد بودی، من با ایشون بد رفتاری نکردم.

جسی گفت:

- اما سکوت کردید ... و این سکوت شما باعث شد تا مردم مسیح رو بکشند ... شما حتی سکوت کردید تا مسیح رو از کلیسا بیرون کنند.

ناگهان صدای زجه مانندی از میان مردم بلند شد. آن صدا زجه متعلق به پیتر بود که با گریه می گفت:

- من ... نمی خواستم ایشونو بیرون کنم ... خب خودش ... به صلیب مقدس ... احترام نذاشت ...

جسی با لحنی غم زده و دردمندانه گفت:

- صلیب؟ ... صلیب؟ ... صلیب برای ما محترمه چون که مسیح رو به یاد ما می آره ... اما همین صلیب، چی رو به یاد مسیح می آره؟ ... درد ... رنج ... شکنجه ... بجز اینها صلیب، چیز دیگه ای رو به یاد مسیح می آره؟ ... خود شما ... خود شما همین جا مسیح رو به این صلیب بستید و اونو کشتید ...

مردم با صدای بلند گریه می کردند. چشمان آنها از شدت گریه قرمز شده بود و ندامت و پشیمانی در چهره شان نمایان بود. یکی از مردم در حالیکه گریه می کرد با فریاد گفت:

- به خدا ... به خدا ما نمی خواستیم اونو بکشیم ... به ما گفتند، اون تروریسته ...

جسی گفت:

- یعنی هر کسی رو که بگن تروریسته، شما اونو می کشید؟

صدای گریه ی مردم بلندتر شد. جسی ادامه داد:

- نه ... نه من باور نمی کنم ... این ها همش بهونه است ... شما می خواید خودتونو توجیح کنید ... واقعیت اینه که شما مسیح رو کشتید ... بله اونو کشتید ... اما موضوع همین جا تموم نمیشه ... چون اگه باز هم ظهور کنه ... باز هم اونو می کشید ... مسیح رو می کشید، چون اون با فحشا، با تجاوز و لاأُبالیگری مخالفه ...

در میان مردم بیل و دوستانش شرمنده و مغموم سرشان را پایین انداختند. جسی ادامه داد:

- مسیح رو می کشید، چون او با ساخت سلاح های مرگبار، با تجاوز به کشورهای دیگه و با برادرکشی مخالفه ...

در میان جمعیت سرهنگ مک کارتی و چند کماندو با شرمندگی سرشان را پایین انداختند. جسی ادامه داد:

- مسیح رو می کشید، چون اون با تظاهر به دین داری، با ریا کاری و با دروغ مخالفه ...

در گوشه ی دیگری از جمعیت، پیتر شرمنده سرش را پایین انداخت. جسی با لحنی آرام تر و نادم ادامه داد:

- و من و امسال من با لباسی که به تن مسیح می کنیم، مسیح رو می کشیم ... ما میدونیم که مسیح از این لباس های تجملاتی و از این فرق گذاشتن ها بیزاره ... با این حال لباسی رو که خودمون دوست داریم به تن مسیح می کنیم و اون طور که خودمون می خوایم مسیح رو جلوه میدیم ... اما ما غافلیم از این که مسیح، یک حقیقته ...

مردم آرام تر شده بودند و به تأیید حرف های جسی سرشان را تکان می دادند. جسی آرام از تپه پایین آمد و ابتدای جمعیت ایستاد. او با لحنی مهربانانه به مردم گفت:

- بله ، مسیح یک حقیقته ... حقیقتی که ما همیشه با اون مخالفت می کنیم و دونسته یا ندونسته با کارهامون ... اونو می کشیم ... همیشه همین طوره ...

کمی جلوتر بیل و دوستانش بر روی زانوهایشان ایستاده بودند و شرمنده و غم زده سرشان پایین بود. جسی شانه های بیل را گرفت و با مهربانی او را بلند کرد و گفت:

- همه ی ما برای کشتن مسیح در هر زمان و هر مکانی آماده هستیم ... اما برای یک لحظه هم که شده بیاید، تا برای زنده شدن مسیح در قلب هامون تلاش کنیم.

چهره ی غم زده ی بیل تغییر کرد. حالا او با محبت به جسی نگاه می کرد. دوستان بیل که در پشت سرش بودند، به همراه چند نفر دیگر از مردم، همزمان با آخرین حرف های جسی از زمین برخاستند. انگار حرف های جسی انرژی و جان تازه ای به آنها بخشیده بود. آنها غم زده ولی مشتاقانه به جسی نگاه می کردند.

کنار آنها چند کماندوی مسلح زانو زده بودند. جسی به سمت آنها رفت، شانه های یکی از کماندو ها را گرفت و او را از زمین بلند کرد و گفت:

- بیایید به جای کشتن ... و نابود کردن ... به فکر زندگی بخشیدن به همنوعان مون باشیم ...

کماندو به آرامی اسلحه اش را بر روی زمین رها کرد. چند کماندو دیگر هم درحالیکه از زمین برمی خاستند، اسلحه هایشان را بر زمین انداختند و با نگاه های مهربانانه به جسی خیره ماندند. جسی به سوی جوان فلج آمد که بر ویلچر نشسته بود. با مهربانی بازوی او را گرفت و او را از روی ویلچر بلند کرد و گفت:

- به فکر امید دادن باشیم ...

جسی با اشاره ی دستش از جوان خواست که راه برود. جوان یک قدم به جلو برداشت. جسی ادامه داد:

- به اونچه که خدا داده راضی باشیم و به لطفش هم امیدوار ...

مادر جوان فلج و عده ای از مردم که کنار ویلچر زانو زده بودند، برخاستند. مادر جوان فلج با مهربانی دست جسی را با دو دستش گرفت و با حرکت سرش از او تشکر کرد.

جسی به طرف پیر زنی رفت که کمی آن طرف تر کنار پیتر و دیگران زانو زده بود. جسی با مهربانی بازوان پیرزن را گرفت و او را از زمین بلند کرد. پیرزن به سختی می توانست روی پاهایش بایستد. جسی گفت:

- به کسانی که احتیاج دارند، کمک کنیم ...

پیتر سریع برخاست، زیر بازوی پیرزن را گرفت و به او کمک کرد تا بایستد. جسی ادامه داد:

- و اونطور که مسیح می خواد با مردم رفتار کنیم ...

جسی از میان بقیه ی مردم که زانو زده بودند، عبور کرد. مردم پشت سر جسی از زمین برمی خاستند. آنها مشتاقانه به او نگاه می کردند و به حرف هایش گوش می دادند. جسی در حال عبور از میان آنها ادامه داد:

- بیاید ، اونطور که مسیح می خواد دنیامون و بسازیم ... دنیایی که ... خالی از هر ظلم و بدی ... و بی عدالتی باشه ...

جسی از میان آخرین نفرات جمعیت بیرون آمد. چند قدم از آنها فاصله گرفت، سپس برگشت و رو به آنها گفت:

- دنیایی که پر از خوبی باشه ... پر از عشق و محبت باشه ... ما می تونیم به این دنیا برسیم ... باور کنید که مسیح چیز بیشتری از ما نمی خواد.

پدر دیمی تریوس از میان جمعیت بیرون آمد و جلوی آنها ایستاد. جسی ادامه داد:

- اگه ما به همدیگه کمک کنیم ... اگه به حقوق هم احترام بذاریم ... همدیگه رو دوست داشته باشیم و به هم عشق بورزیم ... در حقیقت به اون دنیایی که مسیح آرزو داره نزدیک شدیم و اونوقت می تونیم ادعا کنیم ... که واقعاً مسیح رو دوست داریم.

جسی به پدر نزدیک شد و مؤدبانه گفت:

- درست میگم پدر؟

پدر صمیمانه و با بغض گفت:

- بله دخترم.

جسی خم شد تا دست پدر را ببوسد اما پدر دستش را عقب کشید و با مهربانی شانه های جسی را گرفت. جسی مؤدبانه گفت:

- من و ببخشید اگه با شما تند حرف زدم.

پدر مهربانانه و مغموم جواب داد:

- نه دخترم ... تو واقعیت رو گفتی.

اشک در چشمان جسی حلقه زده بود اما چهره اش راضی و خوشنود به نظر می رسید. در همین لحظه که همه ساکت بودند، صدای گاسکوین از سمت چپ جمعیت توجه همه را به خودش جلب کرد.

جمعیت از جلوی گاسکوین کنار رفتند و جسی او را دید که با حالی پریشان، مانند دیوانه ها بر زمین نشسته و فندکش را جلوی صورتش گرفته بود. او درحالیکه فندکش را مرتب روشن و خاموش می کرد، پشت سر هم می گفت:

- میسوزه ... نمی سوزه ... میسوزه ... نمی سوزه ....

گاسکوین دیوانه شده بود. جسی و مردم با تأسف به حال و روز او نگاه می کردند و با خود می اندیشیدند که شاید هم، او درس عبرتی باشد برای کسانی که به فکر کشتن یا نابودی مسیح و عقاید انسان دوستانه اش هستند.

***

سه ماه از آن روز گذشت. داستان معجزه های آن روز حضرت مسیح و شفا یافتن آن جوان فلج، سینه به سینه گشت و باعث شد که انبوهی از بیماران لاعلاج و معلول، از شهرهای دور و نزدیک به سوی کلیسای شهر سیاه بیایند و در آنجا جمع شوند. تعداد آنها آنقدر زیاد بود که عده ای از آنها در بیرون کلیسا بر روی زمین نشسته بودند. در داخل کلیسا هم بیماران نظم میز و نیمکت ها را به هم زده بودند. بعضی از آنها بر روی نیمکت ها نشسته و بعضی دیگر که حالشان بدتر بود، بر روی زمین دراز کشیده بودند. آنها گمان می کردند که مسیح به این کلیسا نظر خاصی دارد و چون این کلیسا به قدوم مبارک مسیح متبرک شده، ممکن است که آنها در این مکان شفا پیدا کنند.

از آن گذشته جسی هم در این کلیسا بود و صبح تا شب از بیماران مراقبت می کرد. مردم فکر می کردند جسی مورد عنایت خاص مسیح قرار دارد. زیرا در تمام مدت ظهور مسیح، جسی را همراهش دیده بودند و او تنها کسی بود که به مسیح ایمان کامل داشت. آنها گمان می کردند شاید او واسطه ای برای شفا یافتن شان باشد. به خاطر همین دلایل بود که تعداد زیادی بیمار و معلول، از سه ماه پیش در کلیسا جمع شده بودند و شب و روز را در آنجا می گذراندند.

بعضی از بیماران همراه پرستاران شان به کلیسا آمده بودند و پرستارها از آنها مراقبت می کردند. اما خیلی از آنها تنها بودند و کسی از آنها مراقبت نمی کرد. به همین خاطر جسی و پیتر و حتی پدر دیمی تریوس به آنها رسیدگی می کردند و مراقب آنها بودند. کلیسا خیلی شلوغ و پر رفت و آمد شده بود. بیشتر وقت ها صدای ناله ی بیماران و دعاهای آنها با هم ادغام میشد و فضای غیر قابل تحملی را در کلیسا به وجود می آورد. با این حال جسی در کلیسا مانده بود و با مهربانی در کنار پیتر و پدر به مردم خدمت می کرد. ظاهر جسی شبیه به راهبه ها شده بود. او مانند راهبه ها با تکه پارچه ی لباس مسیح، سر و موهایش را پوشانده بود.

آن روز جسی بالای سر یک بیمار نشسته بود و با یک ظرف به بیمار آب می داد. بعد از این که بیمار آبش را خورد، جسی برخاست. چهره اش کِسل به نظر می رسید زیرا پرستاری کردن از بیماران در این چند ماه، او را کاملاً خسته کرده بود. جسی عرق پیشانی اش را پاک کرد و نگاهی به اطراف انداخت. کلیسا مملو از بیماران بود، حتی یک جای خالی هم در کلیسا دیده نمی شد.

عده ای ناله می کردند و بعضی ها هم در حال خواندن دعا بودند. چند پرستارِ هم در حال رفت و آمد و رسیدگی به بیمارشان بودند. پدر دیمی تریوس در حال کمک کردن به بیماری بود که می خواست دراز شود. در همان موقع پیتر به جسی نزدیک شد. جسی به او گفت:

- چکار کردی؟ بالاخره تونستی عکس یا فیلمی از مسیح پیدا کنی؟

پیتر با نا امیدی سرش را تکان داد و گفت:

- نه ... الان چند ماهه که دارم می گردم اما هیچی نتونستم پیدا کنم ... خودم همه ی دوربین ها و عکس ها رو نگاه کردم. تصویر مسیح، از توی همه ی عکس های محو شده، ... هیچی ... دوربین های فیلمبرداری رو هم چک کردم، انگار از فضای خالی فیلم گرفتند. کاغذهایی که عکس مسیح روشون بود، همه سفید شدند ... هیچ اثری از مسیح نیست. انگار اصلاً نیومده بود.

این خبرِ پیتر، جسی را بسیار ناراحت کرد، زیرا او می اندیشید که می تواند لااقل عکسی واقعی از مسیح را داشته باشد، ولی حالا ناامید شده بود. پیتر ظرف آب را از او گرفت و به سمت درب داخلیه کنار پیشخوان رفت. جسی که احساس ناامیدی و خستگی می کرد، به سمت پیشخوان و محراب کلیسا رفت. در پشت پیشخوان و بر روی میزی که صلیب طلایی روی آن بود، تعداد زیادی شمع روشن به چشم می خورد. مردم برای گرفتن حاجت بر روی زمین هم شمع روشن کرده بودند. عده ای در جلوی پیشخوان زانو زده و دعا می خواندند.

جسی در کنار آنها زانو زد و مشغول خواندن دعا شد. در همان زمان مردی با جامه ای بلند و سیاه رنگ وارد کلیسا شد. او کلاه جامه اش را

تا جلوی صورتش پایین کشیده بود، طوری که صورتش دیده نمی شد. درست مثل گداهای کثیف خیابانی، دستکش های کثیفی به دست داشت و وقتی قدم برداشت، معلوم شد که یک پایش هم می لنگد. او لنگ لنگان از جلوی درب کلیسا به سوی پیشخوان آمد تا به جسی رسید و کنار او زانو زد. جسی چشمانش را بسته بود و به آرامی دعا می خواند. مرد سیاه پوش با صدایی گرفته گفت:

- همه برای بخشیده شدن به کلیسا میان ...

جسی که متوجه حرف های مرد سیاه پوش شده بود، چشمانش را باز کرد و به او نگاه کرد. اما به خاطر جلو بودن کلاهِ جامه آن مرد، جسی نتوانست صورت او را ببیند. مرد سیاه پوش گفت:

- ... اما گناه من به قدری سنگینه که حتی از کلیسا هم، نمی تونم طلب بخشش کنم.

صدای آن مرد برای جسی کمی آشنا بود. به همین خاطر با کنجکاوی سعی کرد، چهره ی او را ببیند. مرد به آرامی کلاهش را عقب داد. در میان انعکاس نور شمع ها صورت او نمایان شد. چهره اش بسیار وحشتناک بود. صورتش کاملاً سوخته و مانند جوزامی ها به نظر می رسید. با این حال بعد از چند لحظه جسی او را شناخت و با تعجب گفت:

- دکتر فورد؟!

مرد سیاه پوش با حرکت سرش جواب مثبت داد. جسی با تعجب پرسید:

- چه اتفاقی براتون افتاده؟!

دکترفورد گفت:

- وقتی ما داخل آزمایشگاه بودیم، چارلز اونجا رو منفجر کرد. از اون انفجار فقط من جون سالم به در بردم. اون هم با این وضع ... همه کشته شدند، اما من زنده موندم ... زنده موندم ... زنده موندم تا کیفر گناهانم رو پس بدم.

جسی حیرت زده پرسید:

- چه گناهی؟!

دکتر فورد ادامه داد:

- گناهی که تو از اون خبر نداری ... و اون روی قلبم سنگینی می کنه و دائماً عذابم میده ... اما تو باید اون رو بدونی ... تو باید بدونی، که ما پدرت رو گول زدیم ... ما ... ما خاک مسیح رو عوض کردیم.

جسی گیج و متحیر گفت:

- چی؟!

دکتر فورد ادامه داد:

- روز آزمایش یادته؟ ... اون خاک، خاک مسیح نبود ... ما خاک مسیح رو عوض کرده بودیم.

جسی ناباورانه گفت:

- شما چکار کردید؟!

دکتر فورد ادامه داد:

- ما خاک مسیح رو پشت سوله ی بزرگ، کنار اون جاده ی خاکی ریختیم ... اون خاک واقعاً با همه ی خاک ها فرق داشت. حتی رنگش هم زیبا بود و بوی خوبی می داد.

جسی ناراحت و بهت زده گفت:

- چرا؟! ... چرا این کارو کردید؟!

دکتر فورد جواب داد:

- چارلز نمی خواست که مسیح به دنیا برگرده ... اون هیتلر رو می خواست ... اون به ما پول زیادی داد و از ما خواست تا به جای آزمایش کردن بر روی خاک مسیح، به صورت مخفیانه بر روی خاک هیتلر آزمایش کنیم ... و پدرت رو فریب بدیم تا اون فکر کنه که ما DNA مسیح رو احیاء می کنیم ... آخه ما برای فهمیدن رمز دستگاه به پدرت احتیاج داشتیم. وقتی پدرت فهمید، خواست جلوی ما رو بگیره اما چارلز ... چارلز پدرت رو کشت.

جسی گیج و مبهوت بود، ولی حالا فهمید که پدرش چگونه کشته شده و این واقعیت را فهمید که مسیح به وسیله اختراع پدرش نیامده است. دکتر فورد ادامه داد:

- اون روز، نه خاکی از مسیح در دستگاه بود و نه DNA ای ... هیچ کدوم.

جسی متفکرانه و مبهوت به شمع ها خیره شد و گفت:

- پس مسیح به امر خداوند اومده بود ... نه با اختراع ما!

دکتر فورد ادامه داد:

- بله ... مسیح خودش اومده بود ... ما اونو نیاوردیم ... اصلاً نمی خواستیم که اون بیاد ... این امر خدا بود که محقق شد ... اون هم با یک معجزه ی بزرگ ... ما چقدر احمق بودیم که می خواستیم جلوی اومدنش رو بگیریم.

پدر دیمی تریوس متوجه حالات غیر عادی جسی و مرد سیاه پوش شد و چون نگران جسی بود، از دور آنها را زیر نظر گرفت. اشک در چشمان جسی حلقه زده بود و با چهره ای مبهوت و غم زده به شمع ها نگاه می کرد. دکتر فورد کلاه جامه اش را که عقب داده بود، جلوی صورتش کشید و درحالیکه به سختی از روی زانوهایش برمی خاست، گفت:

- برای یک گناهکار بزرگ هم، دعا کنید.

جسی با چشمانی اشک آلود نگاهی به دکتر فورد انداخت و دوباره صورتش را به سوی شمع ها برگرداند. دکتر فورد لنگ لنگان به راه افتاد و به طرف درب کلیسا رفت. پدر دیمی تریوس که به مرد سیاه پوش مشکوک شده بود، به سمت جسی آمد. کنار او ایستاد و دستش را بر شانه ی جسی گذاشت. جسی متوجه پدر شد. برخاست و درحالیکه اشکهایش را پاک می کرد، رو به پدر دیمی تریوس ایستاد. پدر دیمی تریوس با کنجکاوی و نگرانی پرسید:

- اون کی بود، دخترم؟

جسی با چهره ای ماتم زده به پدر نگاه کرد و گفت:

- اون دکتر فورد بود، همکار پدرم ... باورتون میشه؟ ... اونها من و پدرم رو فریب دادند. در تمام اون مدت اونها از اختراع پدرم سوءاستفاده کردند و کس دیگه ای رو با اون

زنده کردند. وقتی پدرم می فهمه و می خواد جلوی کارشونو بگیره، اونو می کشند ... پدر، اونها خاک مسیح رو از دستگاه خارج کرده بودند. میدونید یعنی چی؟ ... یعنی مسیح با اختراع پدرم نیومده بود، بلکه مسیح، به دستور خدا اومده بود.

اشک در چشمان پدر دیمی تریوس حلقه زده بود. او هم از شنیدن این خبر مات و متحیر بود و نمی توانست چیزی بگوید. جسی درحالیکه گریه می کرد، خودش را در آغوش پدر دیمی تریوس انداخت و سرش را بر سینه ی او گذاشت. پدر دیمی تریوس با مهربانی او را در آغوش گرفت، دستش را بر سر جسی گذاشت و با بغض گفت:

- گریه کن دخترم ... گریه کن.

بعد از چند لحظه جسی کمی آرام تر شد. او در همان حالی که سرش بر سینه ی پدر دیمی تریوس بود، گفت:

پدر، به نظرتون من گناهکار نیستم؟

پدر دیمی تریوس شانه های جسی را گرفت، او را از خودش جدا کرد و با تعجب گفت:

- این چه حرفی که می زنی دخترم؟!

جسی گفت:

- پدر ... من نتونستم اون طور که باید به مسیح کمک کنم.

او با بغضی که گلویش را گرفته بود، ادامه داد:

- من ... من ... به مسیح ظلم کردم ... من ...

اما گریه اجازه نداد که جسی بقیه ی حرفش را تمام کند و اشک از چشمانش سرازیر شد. پدر دیمی تریوس دوباره جسی را در آغوش گرفت و مهربانانه گفت:

- اوه دخترم، جسی ... اصلاً این طورنیست ... ما همه شاهد بودیم که تو برای کمک به مسیح همه ی تلاش تو کردی.

بعد از چند لحظه جسی کمی از پدر دیمی تریوس فاصله گرفت و گفت:

- پدر، من می دونم که لطف مسیح شامل من شد تا برای زمان کوتاهی همراه ایشون باشم ... اما من نتونستم از این لطف استفاده کنم ... من نمی تونم خودمو ببخشم ... شاید دیگه لطف مسیح شامل حال من نشه ... می فهمید پدر؟

پدر شانه های جسی را رها کرد و به بیماران داخل کلیسا اشاره کرد و گفت:

- یه نگاهی به این مردم بکن.

جسی نگاهی به بیماران داخل کلیسا انداخت. وضعیت بیماران بسیار أسفناک و ترحم انگیز بود. بعضی از آنها ناله می کردند و بعضی هم در حال خواندن دعا بودند. پدر ادامه داد:

- این مردم هم می خوان، که لطف مسیح، شامل حال شون بشه.

جسی کلافه جواب داد:

- اینو می دونم پدر، اما این موضوع چه ربطی به من داره.

پدر با لحنی جدی تر گفت:

- اما دخترم، این مردم برای اینکه لطف مسیح شامل حال شون بشه، به تو امید بستند ... اونها فکر می کنند که تو انتخاب شدی.

جسی ناباورانه گفت:

- به من؟!

پدر ادامه داد:

- بله، به تو ... تو در همه ی مدتی که مسیح برگشته بود، همراه ایشون بودی ... تو تنها کسی بودی که می دونستی ایشون واقعاً حضرت مسیحه و سعی کردی این مطلب رو به همه بگی ... این اصلاً اتفاقی نیست ... به این موضوع فکر کردی؟

اما جسی نمی توانست این موضوع را باور کند. او سرش را به علامت منفی تکان می داد. پدر ادامه داد:

- بله جسی، فکر کن ... چرا تو؟ ... چرا تو باید همراه مسیح باشی؟

جسی کلافه گفت:

- منظورتون رو نمی فهمم؟!

پدر گفت:

- تو نه تنها گناهکار نیستی، بلکه به سبب روح پاکت، از طرف مسیح انتخاب شدی تا ایشون رو همراهی کنی.

جسی ناباورانه و متعجب گفت:

- من؟!

پدر جواب داد:

- بله ... به همین دلیل مردم فکر می کنند که مسیح به تو توجه بیشتری داره ...

حرف های پدر بر جسی اثر کرد. چهره او نشان می داد که از غم و اندوهش کاسته شده است. پدر با کمی هیجان ادامه داد:

- هیچ دقت کردی که این مردم فقط به تو توجه دارند؟ ... و وقتی تو باهاشون حرف می زنی، روحیه ی بهتری پیدا می کنند و ایمان شون قوی تر میشه ... وجود تو به اونها دلگرمی میده و امید شونو برای دیدن لطف مسیح، بیشتر می کنه.

جسی معصومانه و دلسوزانه به بیماران داخل کلیسا نگاه کرد. او از اینکه توانسته بود برای عده ای از مردم مفید باشد، قلباً احساس آرامش می کرد. پدر با لحنی صمیمی گفت:

- می دونم دخترم، که تو الان تشنه ی دیدن لطف مسیح هستی ... اما مگه خودِ مسیح نگفت که من در میون مردم بیچاره و محتاج هستم؟ ... تو هم اگه بخوای می تونی لطف مسیح رو در همین جا و میون همین مردم بیچاره پیدا کنی.

جسی آرام شده بود. او با حرکت سرش به پدر نشان داد که حرفهای او را پذیرفته است. پدر با رضایت خاطر نفسی کشید و به آرامی به طرف صلیب طلایی روی پیشخوان نگاه کرد. شمع های زیادی در زیر صلیب طلایی روشن بودند و به آن جلوه ی زیبایی می دادند. پدر به آرامی ولی با بغض گفت:

- این آرزوی همه ی ماست که لطف مسیح شامل حالمون بشه.

***

روزها پشت سر هم در کلیسا می گذشت. حالا حرف های پدر بر افکار جسی تأثیر گذاشته و روحیه اش واقعاً تغییر پیدا کرده بود. او با جدیت و شادابی بیشتری به بیماران کمک می کرد و امیدش به لطف دوباره مسیح صد چندان شده بود. بیماران هم این تغییر روحیه ی جسی را احساس می کردند و آنها هم امیدشان بیشتر شده بود.

جسی مانند پرستاری مهربان در میان آنها می چرخید، به همه توجه می کرد و به آنها دلداری می داد. پدر دیمی تریوس درست می گفت، رفتار بیماران نسبت به جسی غیر عادی بود. آنها با بهانه ها و روشهای مختلف سعی می کردند، توجه جسی را به خودشان جلب کنند. بیماران ملتمسانه از او می خواستند، کنارشان بنشیند و برایشان دعا کند تا شفا یابند. حتی بعضی ها به لباس و دستان جسی دست می کشیدند و سپس دستشان را به سرو صورت خودشان می مالیدند و به اصطلاح، خودشان را متبرک می کردند.

آنها واقعاً به جسی ایمان پیدا کرده بودند چون با همین روش حال بعضی بیماران کمی بهبود یافته بود. البته جسی کاملاً به این امر واقف بود که او هیچ نیروی شفا دهنده ای ندارد و مردم این مسئله را به

خودشان تلقین می کنند. اما چاره ای نداشت، با اینکه از دست افکار مردم بیمار و رفتارهایشان خسته و کلافه بود ولی با مهربانی به ابراز احساساتشان پاسخ می داد. او سعی می کرد تا وجودش برای بیماران روحیه بخش باشد و رفتارش جو امیدوار کننده ای را در کلیسا بوجود آورد.

البته بعضی وقتها هم پیش می آمد که حال بعضی از بیماران خیلی بد می شد و این قضیه روحیه ی بقیه ی بیماران را خراب می کرد. با اینکه بیماران بدحال را سریعاً به بیمارستان انتقال می دادند، ولی باز هم بر روحیه ی بقیه ی بیماران تأثیر منفی می گذاشت.

اما تا آن روز سابقه نداشت که کسی در کلیسا فوت کند. آن روز جسی کنار مرد بیماری نشسته بود و به او کمک می کرد تا پیراهنش را عوض کند. در پشت سر جسی دو بیمار دیگر بر روی زمین دراز کشیده بودند. یکی از آنها پتویی را تا روی صورتش کشیده بود و به نظر می آمد که خواب است. پیتر کنار آن بیمار نشست و به آرامی آن مرد را صدا زد. پیتر هر روز به او سرکشی می کرد و او را کم و بیش می شناخت. او می دانست که مرد بیمار حدوداً پنجاه ساله است و از بیماری سرطان لاعلاجی رنج می برد. به همین خاطر هر روز به او سر می زد و از او مراقبت می کرد.

اما آن روز ظاهراً بیمارش بیدار نمی شد و به او جواب نمی داد. پیتر به آرامی شانه ی مرد بیمار را از روی پتو تکان داد. باز هم بیمار جوابی نداد. پیتر ناگزیر پتو را از روی صورت بیمار کنار زد. ناگهان از چیزی که دید وحشت کرد. دهان و چشمان مرد بیمار باز مانده بود و مرد مرده بود. پیتر وحشت زده در حالیکه عقب می آمد با صدای بلند گفت:

- اون مرده ...

صدای پیتر آنقدر بلند بود که همه ی بیماران داخل کلیسا متوجه پیتر و مرد مرده شدند. جسی با عجله به سوی مرد مرده رفت، بالای سرش نشست و چشمان مرد مرده را معاینه کرد. بیماران ساکت و وحشت زده به جسی نگاه می کردند. جسی نبض مرد مرده را گرفت و بعد از چند لحظه با تأسف گفت:

- بله ... اون مرده.

صدای هم همه بیماران بالا رفت. فضای پر از دعا و امید کلیسا، جایش را با زمزمه هایی عوض کرد که حاکی از نا امیدی و وحشت بود. شاید هم این ناامیدی به خاطر این بود که واقعاً بیماران خسته شده بودند. چون می دیدند که یکی یکی حال آنها خراب تر می شود و قبل از مرگ آنها را به بیمارستان می برند و حالا یکی از این بیماران در جلوی چشم بقیه مرده بود.

جسی چشمان مرد مرده را بست و به آرامی پتو را بر روی صورت او کشید. در این میان به نظر می آمد که پیتر از همه بیشتر ترسیده است. زیرا درحالیکه چشمانش از وحشت گرد شده بود، به مرد مرده نگاه می کرد. انگار تعادل روانی اش را از دست داده بود. چون با صدای بلند گفت:

- این وضع تا کی ادامه داره؟ ...

صدای پیتر باعث شد که همه ساکت شوند. پیتر مأیوسانه ادامه داد:

- ... من دیگه نمی تونم تحمل کنم.

جسی با لحنی اعتراض آمیز گفت:

- پیتر؟!

پیتر که کاملاً مأیوس و ناامید به نظر می آمد، ادامه داد:

- شاید به خاطر منه؟ ... درسته، به خاطر منه که مسیح به اینجا نمیاد ... به خاطر منه که کسی شفا پیدا نمی کنه ... آخه من اونو از کلیسا بیرون کردم.

جسی کلافه گفت:

- این چه حرفیه که می زنی پیتر؟

اما به نظر می آمد که پیتر در افکارش غرق شده و اصلاً صدای جسی را نمی شنید. او واقعاً تعادل روانی اش را از دست داده بود. پیتر مانند آدم های منگ از زمین برخاست و بدون توجه به اطرافش آرام به سوی درب کلیسا به راه افتاد. او با چهره ای وا رفته، مانند دیوانه ها راه می رفت و در حال رفتن مأیوسانه گفت:

- درسته ... من باید برم ... من نباید اینجا باشم ... مسیح به خاطر من به کلیسا نمیاد.

جسی برخاست و با ناراحتی بر سر پیتر فریاد کشید:

- آره ... برو ...

پیتر به خودش آمد و ایستاد. جسی ادامه داد:

- برو ... اما گناه رفتنت رو به گردن مسیح ننداز ... مسیح نمی خواد کسی از کلیسا بیرون بره ... اون که مثل تو کسی رو از کلیسا بیرون نمی کنه ... تو طاقتت تموم شده ... تو داری از خودت و وظیفه ات فرار می کنی ... اگه مسیح به اینجا نیومده، دلیل نمیشه که ما وظیفه ی انسانی مونو انجام ندیم ...

پیتر با حرف های جسی به خودش آمد. با چهره ای شرمنده و پشیمان برگشت و به جسی نگاه کرد. جسی با لحنی آرام تر خطاب به بیماران گفت:

- اگه مسیح به اینجا نیومده، دلیل نمی شه که ما شک و تردید رو به دل هامون راه بدیم ... ما نباید نا امید بشیم ... شاید عیب از ماست. شاید ما مسیح رو درست نشناختیم ... شاید ما هدف مسیح رو از اومدن و رفتنش درست نفهمیدیم ... و خودخواهانه هر جور که دلمون می خواد، درباره مسیح فکر می کنیم ... به همین خاطر هم هست که برای دیدن لطفش گیج و سرگردونیم ... من نمی دونم که شما چطور فکر می کنید. اما من اطمینان دارم که مسیح صدای ما رو می شنوه ... درسته که حالا به اینجا نیومده اما شاید جاییه که بیشتر از اینجا به او احتیاج دارند. شاید توی جاییه که بچه ها دارند از گرسنگی می میرند ... یا وسط یک شهر جنگ زده است که مردمش وحشیانه همدیگه رو می کشند و به زن ها و بچه ها رحم نمی کنند ... اما هر جا که باشه اون ما رو فراموش نمی کنه. اون فرزندانش رو دوست داره و حتماً به کمک ما میاد.

جسی درست می گفت، شاید مسیح در جاهایی بود که بیشتر به او احتیاج داشتند. مثلاً:

" افریقا "

انگار ابرهای باران زا با آسمان قهر کرده بودند. بی آبی و خشک سالی مزارع را از بین برده بود. در این میان روستای دور افتاده ای بود که قحطی و خشک سالی بیشتر از همه جا مردم آن روستا را رنج می داد و از آن روستا که زمانی سر سبز و زیبا بود، فقط چند کلبه ی حصیری به جا مانده بود. آن کلبه ها هم از نی و برگ های خشکیده ی درختان درست شده بودند و تکه پارچه ای به جای درب ورودی جلوی آنها دیده می شد. در داخل یکی از همین کلبه ها که نسبتاً بزرگ تر به نظر می آمد، تعداد ی زن و بچه سیاه پوست کنار هم نشسته بودند. از چهره ها و اندام عریان و لاغرشان مشخص بود که از گرسنگی مفرط رنج می برند.

روزها و هفته ها بود که آنها چیز زیادی برای خوردن نداشتند و از بس لاغر و نهیف شده بودند که به راحتی میشد، دنده های سینه ی بچه هایشان را شمرد. بچه های شیرخوار به سینه های مادرانشان آویزان بودند، اما مادرانشان شیری نداشتند تا به آنها بدهند و به همین خاطر گریه می کردند.

داخل آن کلبه بزرگ، هر کسی به نوعی از گرسنگی ناله می کرد. بچه ای حدوداً چهار ساله در میان بچه ها به چشم می خورد که با سماجت تمام، یک ظرف خالی را لیس می زد. در آن فضای شلوغ دردآور، ناگهان سایه ی مردی بر روی کلبه افتاد. زنها و بچه ها متوجه سایه مرد شدند. سایه به آرامی در کنار کلبه حرکت می کرد تا اینکه به درب پارچه ای کلبه رسید. دست مرد پارچه کلبه را کنار زد.

آن مرد مسیح بود که وارد کلبه شد. یک کیسه ی پارچه ای بر روی شانه ی مسیح دیده میشد. او ایستاده بود و مهربانانه به زنها و بچه ها نگاه می کرد. زنها و بچه ها هم در حالیکه ساکت بودند، بی حال و بی رمق به او نگاه می کردند. مسیح به آرامی دستش را درون کیسه ی

پارچه ای همراهش برد و چند قرص نان از آن بیرون آورد. بچه ها و زنها با دیدن نانها، به سرعت به سوی مسیح شتافتند و دور او را گرفتند. مسیح با مهربانی نانها را بین آنها تقسیم می کرد. بچه هائی که نان گرفته بودند با حرص و ولع به نان ها گاز می زدند و آنها را می خوردند. زنها هم با کمی تأخیر جلو می آمدند و نان می گرفتند و درحالیکه عقب می رفتند، مشغول خوردن می شدند.

در این میان مسیح متوجه زنی شد که در کناری نشسته بود و جلو نمی آمد. کودکی بر روی زانوهای آن زن خوابیده بود. مسیح که فکر می کرد او به خاطر بچه اش نمی تواند جلو بیاید، به سویش رفت و جلوی او نشست. او آخرین قرص نان را جلوی زن گرفت، اما زن بدون واکنش با چهره ای غم زده و ناامید به مسیح و بعد به کودکش نگاه کرد. انگار بچه اش از حال رفته بود. مسیح قرص نان را کنار زن گذاشت. او متوجه شد که زن با نگرانی و بغض به بچه اش نگاه می کند. مسیح دست کودک را گرفت و کمی بالا آورده، آن را رها کرد تا شاید بیدار شود، اما دست بچه پایین افتاد. مسیح تازه دلیل غم و اندوه زن را فهمید، بچه ی زن مرده بود. قطره ای اشک از چشمان زن سر خورد و بر صورت بچه اش افتاد. مسیح با تأسف و ناراحتی به زن نگاه کرد. زن با نگاهش به آرامی به گوشه ی کلبه اشاره کرد. مسیح هم امتداد نگاه زن را دنبال کرد.

در گوشه ی کلبه تعداد زیادی جسد بچه های کم سن و سال دیده می شد. مسیح از دیدن این صحنه بسیار متأثر و بی تاب شد. او دیگر طاقت ماندن نداشت، برخاست و درحالیکه آهی می کشید به سرعت از کلبه بیرون آمد. مسیح چند قدم از کلبه فاصله گرفت و ایستاد. چند نفس عمیق کشید تا بغض سینه اش خالی شد. سپس به اطرافش نگاهی انداخت. عده ای مرد که بر روی لباسهایشان علامت صلیب سرخ دیده

می شد، در حال کمک کردن به مردم قحطی زده بودند. مسیح در حال نگاه کردن به آنها بود که متوجه شد، کسی پایین لباسش را می کشد. او به پایین نگاه کرد، کودکی را دید که لباسش را گرفته بود و می کشید. او همان کودک چهار ساله ی داخل کلبه بود که ظرف خالی را لیس می زد. ظاهراً او نان نگرفته بود و حالا در حالیکه بغض کرده بود، ظرف خالیش را به مسیح نشان می داد. مسیح خیلی زود متوجه منظور کودک شد، او بدنبال نان دستش را داخل کیسه ی همراهش برد، اما نانی پیدا نکرد، کیسه اش خالی بود. مسیح مأیوسانه به کودک نگاه کرد. کودک فهمید که مسیح دیگر نانی ندارد که به او بدهد به همین خاطر به گریه افتاد. او در حالیکه اشکهایش را پاک می کرد، ظرف خالیش را بر روی زمین رها کرد. مسیح خیلی سریع نشست و کودک را در آغوش گرفته، برخاست. کودک با بغض سرش را بر روی شانه ی مسیح گذاشت و مسیح او را نوازش کرد و بوسید. درحالیکه حواس مسیح متوجه کودک بود، یک مرد کمک رسان که آرم صلیب سرخ بر روی لباسش دیده می شد، جلوی مسیح ایستاد. مرد کمک رسان مهربانانه یک قرص نان را جلوی مسیح گرفت. مسیح با خوشحالی قرص نان را گرفت و با لبخند و حرکت سرش از مرد تشکر کرد. مرد کمک رسان لبخند زنان دور شد. کودک در آغوش مسیح برگشت و متوجه نان شد. مسیح نان را به کودک داد، او با خوشحالی نان را گرفت و شروع به خوردن آن کرد. مسیح درحالیکه او را نوازش می کرد، خم شد و آرام کودک را بر زمین گذاشت. کودک بی توجه به همه جا در حال خوردن نان به سوی کلبه می رفت و مسیح درحالیکه لبخند به چهره داشت و راضی به نظر می آمد به مردان کمک رسان که دورتر مشغول کار بودند، نگاه می کرد.

" عراق – شهر حلبچه – زمان بمباران شیمیائی "

دود ناشی از بمباران شیمیائی همه جا را فرا گرفته بود و به سختی می شد، اطراف را دید. صدای انفجارهای پی در پی فضا را پر کرده بود. زنها و بچه ها جیغ می زدند و در میان دودها به این سو و آن سو می دویدند. مسیح درحالیکه پسربچه ای ده ساله را بر روی دستانش گرفته بود، از میان دودها پدیدار شد. پسر بچه بیهوش بود و بر اثر استنشاق گازهای شیمیائی، از دهانش کف سفید بیرون زده بود. یک چادر بزرگ کمکهای اولیه مانند بیمارستان صحرایی در همان نزدیکی بود و بر روی چادر آرم بزرگ هلال احمر مشخص بود. مسیح به سوی چادر هلال احمر رفت و وارد آن شد. در داخل چادر تعداد زیادی از مردم دیده می شدند که بر اثر استنشاق گازهای شیمیائی مسموم شده بودند. آنجا پر رفت و آمد و شلوغ بود. چند پرستار و دکتر با لباسهایی که روی آنها آرم هلال احمر بود، در حال کمک رسانی پزشکی به مردم بودند. دو پرستار که ماسک های ضد گاز بر چهره داشتند، جلو آمدند و کودک را از مسیح گرفتند. آنها او را بر روی تختی گذاشتند و ماسک اکسیژن بر روی صورتش قرار دادند. مسیح با تأسف نگاهی به مردم بیمار و مسموم شده داخل چادر انداخت. بعضی ها سرفه می کردند و بعضی ها کف سفید از دهانشان بیرون زده بود، یا بالا می آوردند. مسیح از چادر کمک های پزشکیهلال احمر بیرون آمد، هنوز هم همه جا پوشیده از دود بود و صدای انفجار می آمد. مسیح از چادر فاصله گرفت و به اطراف نگاه کرد. او اجساد کودکان، زنها و مردها را دید که درحالیکه کف سفید از دهانشان بیرون زده، در گوشه و کنار بر روی زمین افتاده بودند. مسیح ناباورانه و متأثر سرش را به اطراف تکان می داد و جلو می رفت. هر چقدر جلوتر می رفت بر تعداد اجساد کشته شدگان افزوده می شد. مسیح ایستاد، او از این رفتار وحشیانه ی آدمها بسیار اندوهگین و متأثر بود. به همین سبب با صدای بلند در میان اجساد فریاد زد:

- چرا؟! ... چرا؟!...

" افغانستان - منطقه جنگی "

مسیح درحالیکه به شدت عرق کرده بود، در زیر آفتاب سوزان به پیش می رفت. بر روی شانه اش یک مشک چرمی پر از آب دیده می شد. کمی آن طرف تر، ده افغانی در کنار تپه ای در زیر آفتاب سوزان نشسته بودند. آنها توسط عده ی دیگری از هموطنان خودشان که مسلح بودند، اسیر شده بودند. مسیح عرق ریزان به سمت آنها می آمد. بعضی از آنها زخمی بودند و ناله می کردند و بعضی ها هم از تشنگی لبانشان خشک شده بود. مردان مسلح، دور اسرای افغانی ایستاده و مراقب آنها بودند. مسیح به اسرای افغانی نزدیک شد. مشک آب را از دوشش پایین آورد و به اولین اسیر افغانی که زخمی بود، آب داد. بقیه ی آنها با دیدن مشک آب به سوی مسیح آمدند و دور او جمع شدند. اسرا در حال خوردن آب از مشک مسیح بودند و او با مهربانی به آنها آب می داد. با اینکه مسیح خسته بود ولی در چهره اش احساس رضایت دیده می شد. ناگهان فرمانده ی مردان مسلح جلو آمد و به مردانش اشاره کرد. دو نفر از آن مردان به طرف مسیح رفتند که در میان اسرا افغانی بود. آنها با خشوت بازوان مسیح را گرفتند و مشک آب از دست مسیح بر زمین افتاد. آن دو مرد، مسیح را کشان کشان از میان اسرای افغانی بیرون بردند و او را در گوشه ای نگه داشتند. مسیح که در دستان دو مرد گرفتار بود با تعجب به آنها نگاه می کرد. چند مرد مسلح دیگر، جلوی اسرای افغانی صف کشیدند و اسلحه هایشان را مسلح کردند. اسرای افغانی ناامیدانه و وحشت زده به مردان مسلح نگاه می کردند. مسیح سعی کرد تا بازوانش را از دست دو مرد رها کند، اما نتوانست. او با ناراحتی فریاد زد:

- نه ... نه ...

اما فایده ای نداشت، زیرا فرمانده ی مردان مسلح، فرمان شلیک داد و مردان مسلح به طرف اسرای افغانی آتش گشودند. گلوله ها به سر و سینه ی اسرا برخورد می کرد و آنها درحالیکه این سو و آن سو می افتادند، می مردند. مسیح که از دیدن این صحنه به شدت آزرده شده بود با گریه رو به آسمان فریاد زد:

- نه ... نه ...

❊❊❊

در شهر سیاه پاسی از شب گذشته بود و مردم در خیابان اصلی شهر در حال رفت و آمد، بودند. با اینکه دیر وقت بود، اما هنوز چراغ مغازه های آن خیابان روشن بودند و پیاده رو سمت چپ نسبتاً شلوغ تر به نظر می آمد. با این حال خود خیابان تاریک بود و اتومبیلی در آن دیده نمی شد. ناگهان در میان تاریکی خیابان مسیح پدیدار شد. او درحالیکه به آرامی قدم برمی داشت و جلو می آمد به مردم میان پیاده رو نگاه می کرد. در میان عابرین، مسیح متوجه زن و مردی شد که بدون توجه به دیگران در پیاده رو، مشغول بوسیدن یکدیگر بودند. در دست مرد که پشت کمر زن قرار داشت، یک روزنامه دیده می شد. مسیح کمی جلوتر رفت و دید، در بالای روزنامه با تیتر بزرگ نوشته شده: " **دهها زن و مرد در درگیریهای امروز افغانستان کشته شدند** "

روزنامه از دست مرد سر خورد و بر زمین افتاد. اما مرد اصلاً متوجه افتادن روزنامه نشد. او مشغول عشق بازی با زن بود. مسیح سرش را با تأسف تکان داد و از کنار آنها عبور کرد. بعد از چند قدم او متوجه مرد مستی شد که در کنار پیاده رو و نزدیک به خیابان، روزنامه ای را پهن

کرده و بر روی آن نشسته بود. مرد شیشه ی مشروبی را که در دست داشت، بر دهانش گذاشت و مشغول نوشیدن آن شد. او چنان مست بود که شیشه از دستش بر زمین افتاد و بعد بر زمین دراز کشید و از حال رفت. مسیح به او نزدیک شد و به روزنامه ای که در زیر بدن مرد مست قرار داشت، نگاه کرد. در بالای روزنامه با تیتر بزرگ نوشته شده بود: " **صدها زن و مرد و کودک در بمباران شیمیائی شهر حلبچه ی عراق کشته شدند** "

مسیح با تأسف سرش را تکان داد و از کنار مرد مست گذشت. بعد از اینکه چند قدم جلوتر رفت، مردی را دید که طناب قلاده ی دو سگ بزرگ را در دست داشت. او در جلوی سگ ها و بر روی یک روزنامه مقدار زیادی گوشت ریخته بود و سگها در حال خوردن گوشت ها بودند. مسیح نزدیک تر شد و به روزنامه نگاه کرد. در بالای روزنامه با تیتر بزرگ نوشته شده بود: " **هر روز دهها کودک آفریقائی بر اثر گرسنگی هلاک می شوند** "

مسیح متحیر به سگ ها و صاحب شان نگاه کرد. سگ ها دیوانه وار در حال خوردن گوشت ها بودند و صاحب آنها بی خیال در حال سیگار کشیدن بود. مسیح به اطراف نگاه کرد. در پیاده روی دو طرف خیابان تعداد زیادی روزنامه بر زمین افتاده بود که بر روی آنها اخبار مهمی درباره ی مردم دنیا نوشته شده بود. اما عابرین بدون توجه به روزنامه ها بر روی آنها پا می گذاشتند و در حال رفت و آمد، بودند. آنها به اخبار نوشته شده در روزنامه ها زیر پایشان توجه ای نمی کردند. مسیح از این بی توجهی مردم به مسائل روز دنیا، متأسف شد و در حالیکه ناباورانه سرش را به اطراف تکان می داد به عقب قدم برداشت و بعد از چند قدم برگشت و در تاریکی خیابان ناپدید شد.

***

نیمه های همان شب و یک ساعت مانده به سحر بود که در کلیسا اتفاق عجیبی رخ داد. طبق معمول چند ماه گذشته، مردم بیمار و معلول در گوشه و کنار داخل کلیسا، با ازدحام زیاد کنار هم خوابیده بودند. همه جا ساکت و آرام بود که ناگهان صدای پیتر همه را از خواب بیدار کرد. بیماران سردرگم از خواب بیدار شده بودند و به یکدیگر نگاه می کردند. کسی نمی دانست که چه اتفاقی رخ داده است. آنها فقط صدای مبهم پیتر را می شنیدند که با فریاد می گفت:

- معجزه ... معجزه ...

چند لحظه نگذشت که پیتر با عجله و هیجانزده از درب سمت راست پیشخوان، وارد کلیسا شد. او درحالیکه به سوی بیماران می آمد با خوشحالی فریاد می زد:

- بالاخره معجزه اتفاق افتاد ... معجزه شد ...

مردمِ بیماری که می توانستند از جایشان بلند شوند، سراسیمه به سوی پیتر آمدند. بیماران دور پیتر را گرفته بودند و هر کدام چیزی می پرسیدند. آنها می خواستند هر چه زودتر بفهمند، چه خبر شده. پیتر در میان بیمارانی که دوره اش کرده بودند، چرخید. شانه های یکی از بیماران را گرفت و هیجان زده گفت:

- اون مسیح رو توی خواب دیده ...

رو به بیمار دیگری گفت:

- ... مسیح با اون حرف زده.

این خبر مردم داخل کلیسا را بسیار خوشحال کرد و هم همه ای در کلیسا به راه افتاد. نور امید در دل بیماران روشن شده بود و بالاخره می توانستند حضور مسیح را در کلیسا احساس کنند. در همین موقع پدر دیمی تریوس درحالیکه زیر بازوی جسی را گرفته بود از درب سمت راست پیشخوان، وارد کلیسا شد. چهره ی جسی رنگ پریده و ناتوان به نظر می رسید. بیماران، او و پدر دیمی تریوس را دوره کردند و هر کدام از آنها مشتاقانه و هیجان زده از جسی چیزی می پرسیدند:

- باهات حرف زد؟! ... بگو چی دیدی؟! ... چی بهت گفت؟! ... واقعاً خود مسیح بود؟! ...

جسی درحالیکه معصومانه به مردم نگاه می کرد، سرش را به علامت مثبت تکان داد و گفت:

- بله ... خودش بود.

ول وله ای که حاکی از شادی بود در میان بیماران براه افتاد. آنها خوشحال و هیجان زده با هم حرف می زدند. بعد از چند لحظه کم کم آرام شدند و بی صبرانه و مشتاقانه منتظر بقیه ی حرفهای جسی ماندند. جسی معصومانه و بی حال گفت:

- من ایشون رو دیدم ... با همون چهره ی زیبا و مهربونشون، ایستاده بودند ... ایشون با مهربونی به من لبخند می زدند ... دیگه طاقت نداشتم، می خواستم جلوتر برم، دستشونو بگیرم و ببوسم ... اما هر چی سعی کردم، نتونستم ... با درماندگی ایستادم و نگاهشون کردم ... ایشون با مهربانی از من پرسیدند: « چی می خوای دخترم؟ » ... گفتم: « ای مسیح مقدس، من برای خودم چیزی نمی خوام. فقط می خوام بگم که مردم در کلیسا منتظر شما هستند » ... ایشون

با کمی تأمل گفتند: « اونها منتظر من نیستند ... منتظر شفاء هستند » ... گفتم: « فقط اونها نیستند، همه ی مردم دنیا شما رو دوست دارند و منتظر شما هستند » ...

جسی ساکت شد و چهره اش تغییر کرد. انگار دیگر نمی خواست به حرفهایش ادامه بدهد. چند لحظه در سکوت گذشت. مردم با بی صبری به یکدیگر و به جسی نگاه میکردند. سرانجام یکی از بیماران با بی حوصلگی گفت:

- خب؟ ... ایشون دیگه چی گفتند؟ ...

به نظر می آمد که جسی ترسیده و نمی خواهد خوابش را برای مردم تعریف کند. زیرا بریده بریده و با مکث ادامه داد:

- ایشون ... ایشون گفتند: ... « بین شماها کسی هست که ... بدون اینکه از من چیزی بخواد ... منتظر من باشه؟ ... یا ... یا منو دوست داشته باشه؟ » ... گفتم: ... « چرا هست » ... اما ایشون گفتند: ... « نه ... کسی منتظر خود من نیست ... اونها منتظر معجزه اند » ...

حالا جسی واقعاً مضطرب و پریشان به نظر می رسید. او با کمی مکث گفت:

- ... و ... و باز هم گفتند: « مردم منو دوست ندارند ... اگه مردم دنیا منو یک ذره دوست داشتند، این همه به هم ظلم نمی کردند ... نه، اونها منتظر من نیستند. » ... بعد برگشتند، چند قدم از من دور شدند، و دوباره به من نگاه کردند و گفتند: « تو این موضوع رو وقتی می فهمی که خوابت رو برای مردم بازگو کنی. »

جسی ساکت شد و با همان حال پریشان و مضطرب زیر چشمی به مردم نگاه کرد. مردم به یکدیگر نگاه می کردند. آنها سردرگم و متحیر به نظر می آمدند، زیرا منظور حرف های مسیح را نمی فهمیدند. یکی از بیماران گفت:

- خب؟! ... بعدش؟! ...

جسی مضطرب گفت:

- بعدش ایشون از من دور شدند و به آسمون رفتند.

یکی از آنها با تعجب و دلخوری به جسی گفت:

- همین؟!...

جسی با حرکت سرش جواب مثبت داد. بیماران مبهوت و ساکت به یکدیگر نگاه می کردند. یکی از بیماران خطاب به بقیه گفت:

- خب، معنی حرفهای مسیح چیه؟!

هم همه ای در میان بیماران افتاد. آنها با ناراحتی با هم بحث می کردند اما نمی توانستند از خواب جسی و حرفهای مسیح سر در بیاورند.

چند لحظه به همین منوال گذشت. بیماران از بحث بی حاصل خسته شدند و تصمیم گرفتند، جواب را از خود جسی بپرسند. به همین خاطر بیماران یکی یکی ساکت شدند و با نگاه هایی که پر از پرسش بود به جسی توجه کردند. جسی مضطرب و پریشان زیر بار سنگین نگاه های بیماران قرار گرفته بود. او مردد بود که جواب بدهد یا نه. زیرا از عکس العمل مردم می ترسید. اما مردم مُصر ایستاده بودند و از او می خواستند که جواب بدهد. او بعد از لحظاتی بریده بریده و مضطرب جواب داد:

- مَ ... من ... فکر می کنم ... که مسیح خواسته به ما بگه که ... مسیح خواسته بگه که، برای معجزه کردن ... به اینجا ... نمی‌آد.

این جواب جسی مانند آب سردی بود که همه را منجمد کرد. هیچ کس تکان نمی خورد، همه مبهوت از این جواب به جسی نگاه می کردند. سرانجام یکی از بیماران متعجب و ناامید گفت:

- برای معجزه کردن ... نمی‌آد؟!...

یکی دیگر با لحنی اعتراض آمیز گفت:

- پس یعنی این چند ماه، ما بیخودی اینجا علاف شدیم؟!...

ول وله ای در میان بیماران براه افتاد. خیلی زود جو ناامیدی و یأس همه را فرا گرفت. حتی بعضی ها بغض کرده و اشک در چشمان شان جمع شده بود. زیرا آنها نمی توانستند و شاید هم نمی خواستند، حرف دیگری به جز آمدن مسیح و معجزه کردن او را، از جسی بشنوند. یکی از بیماران درحالیکه بغض کرده بود، جلوتر آمد و خطاب به پدر دیمی تریوس و جسی گفت:

- تقصیر شما بود ... شما ما رو گول زدید ... شما با وعده هاتون ما رو دلخوش کردید ...

یکی دیگر از بیماران گفت:

- پدر، از اینکه ما رو الکی دلخوش کردید، چی گیرتون اومده؟

پدر دیمی تریوس با تأسف سرش را تکان داد و گفت:

- عزیزان من، این طور نیست ... شما اشتباه می کنید ...

بیمار دیگری حرف پدر دیمی تریوس را قطع کرد و با لحنی طلبکارانه فریاد زد:

- بسه دیگه پدر ... باز هم می خوای به ما دروغ بگی ... باز هم می خوای با موعظه هات ما رو فریب بدی ...

اما این موضوع واقعیت نداشت. چون پدر دیمی تریوس و جسی دلشان برای بیماران می سوخت و به خاطر خدا به بیماران دلداری می دادند و به آنها کمک می کردند. پدر دیمی تریوس می خواست برای بیماران توضیح بدهد، ولی آنها گوششان به این حرفها بدهکار نبود. از چپ و راست به پدر دیمی تریوس و جسی بد و بیراه می گفتند و در هم همه هایشان پدر و جسی را متهم به دروغگوئی می کردند.

شاید هم بیماران تقصیری نداشتند، زیرا آنها فقط برای شفاء گرفتن و بهتر شدن حالشان در کلیسا مانده بودند و هر وقت که ناامید می شدند، این وجود پدر و جسی بود که آنها را به ماندن در کلیسا امیدوار و دلگرم می کرد. و حالا نمی توانستند باور کنند که همان پدر دیمی تریوس و جسی به آنها حرفهای ناامید کننده می زنند و به آنها می گویند که مسیح برای معجزه کردن به کلیسا نمی آید.

پذیرفتن این واقعیت تلخ برای بیماران بسیار سخت و دردآور بود. آنها با خود فکر می کردند که مورد سوءاستفاده قرار گرفته اند. به همین دلیل یکی از بیماران با لحنی تهدید آمیز به پدر دیمی تریوس گفت:

- شاید هم می خواستی خودت رو معروف کنی!

بقیه ی بیماران با هم همه، حرف های این بیمار را تأیید کردند. یکی دیگر گفت:

- با جمع کردن ما در اینجا می خواستی برای کلیسات مشتری جمع کنی؟

سر و صدای مردم به شدت بالا رفته بود. آنها با فریاد حرف های تهدید آمیز می زدند و پدر و جسی را متهم به دروغ گویی می کردند. از آن هم بدتر مردم معتقد بودند که پدر برای معروفیت خودش و کلیسایش از وجود آنها سوءاستفاده کرده است. جسی و پدر دیمی تریوس مظلومانه و بی گناه در میان بیماران گیر افتاده بودند. آنها می خواستند برای مردم توضیح بدهند که اشتباه می کنند، اما دیگر فایده ای نداشت، کسی به آنها گوش نمی داد و صدای شان به جایی نمی رسید.

بیماران بر سر آنها فریاد می کشیدند و نمی گذاشتند که حرف بزنند. کم کم اعتراض و ناراحتی بیماران به خشم تبدیل شد و می شد آتش خشم را در چشمان آنها دید که بیشتر و بیشتر می شود. آتش خشمی که شیطان در پشت آن نهفته بود. حرکات بیماران غیر طبیعی بود، آنها با فریاد ناسزا می گفتند و غیر قابل کنترل شده بودند. جسی که مظلومانه به بیماران نگاه می کرد، تازه منظور جمله ی آخر مسیح را فهمید که به او گفته بود : **« مردم منتظر خود من نیستند و این موضوع رو وقتی می فهمی که خوابت رو برای مردم بیان کنی. »**

اما، اما ... دیر شده بود ... خیلی دیر ...

نزدیکی های صبح و قبل از طلوع خورشید بود که مه صبحگاهی بر خیابانِ جلویِ کلیسا گسترده شد و سکوتی محض همه جا را فرا گرفت. در میان مه ای که خیابان را پوشانده بود، قامت زیبای مسیح پدیدار شد. او به آرامی قدم بر می داشت و به سوی کلیسا می آمد. مه کمی فروکش کرده بود و مسیح می توانست به راحتی کلیسا را ببیند. او در جلوی کلیسا ایستاد و با تأسف و افسوس به آن نگاه کرد.

آن کلیسا که تا دیشب یکی از زیباترین بناهای شهر به حساب می آمد، حالا به ساختمانی نیمه مخروبه و زشت تبدیل شده بود. در جلوی محوطه ی کلیسا تعداد زیادی صندلی و نیمکت شکسته به چشم می خورد. پنجره های زیبای کلیسا که از خیابان دیده می شدند، همگی شکسته و خورد شده بودند. یکی از درب های ورودی کلیسا بر روی پله ها افتاده بود و درب دیگر درحالیکه به لولای پایین متصل بود به جلو کج شده و در حال افتادن به نظر می آمد. همانطور که مسیح درحال نگاه کردن به خرابی های آن مکان مقدس بود، ناگهان پیتر را دید که با سر و صورت مجروح، سراسیمه و لنگ لنگان از کلیسا بیرون آمد. لباسهای پیتر نامرتب و پاره پاره شده بودند. او در حالیکه هراسان به اطراف نگاه می کرد، با عجله و لنگ لنگان به راه افتاد و بدون اینکه متوجه مسیح شود، از کلیسا دور شد.

مسیح به آرامی از کنار نیمکت های شکستهِ جلوی کلیسا عبور کرد و وارد ساختمان کلیسا شد. در داخل کلیسا همه ی وسایل بهم ریخته بودند. صندلی ها، نیمکت ها و وسایل داخل کلیسا شکسته و این طرف و آن طرف پرت شده بودند. تابلو های مذهبی، تندیس ها و مجسمه ها، همه شکسته و خورد شده بودند. بیماران رفته بودند و دیگر اثری از آنها در کلیسا دیده نمی شد.

همه چیز بهم ریخته و شکسته بود، به جز صلیب طلایی که همان طور دست نخورده و سالم برروی میز کوچک پشت پیشخوان قرار داشت. اما در زیر صلیب طلایی دیگر اثری از شمع های روشن نبود. چند متر مانده به پیشخوان، پدر دیمی تریوس با چهره ای مجروح و زخمی در کناری نشسته و به دیوار تکیه داده بود. به نظر می آمد که بیهوش شده است. قسمت هایی از لباس پدر پاره شده و آثار زخم و کبودی بر چهره اش نمایان بود.

ناگهان نسیمی آرام صورت پدر را نوازش داد. همزمان صدایی آسمانی مانند صدای دسته کُرکلیسا، فضای کلیسا را پر کرد. پدر دیمی تریوس به هوش آمد و چشمانش را باز کرد. چشمان پدر دیمی تریوس برای دیدن دائماً به اطراف می چرخید. او سعی می کرد ببیند، اما فایده ای نداشت. حرکات چشمان پدر دیمی تریوس نشان می داد که او دیگر نمی تواند جایی را ببیند. ضربات و جراحات وارده شده به سر پدر دیمی تریوس، او را نابینا کرده بود. مسیح به پدر دیمی تریوس نزدیک شد. پدر دیمی تریوس که انگار وجود کسی را احساس کرده بود، برای دیدن، سرش را به این سو و آن سو می چرخاند. مسیح به آرامی در جلوی پدر دیمی تریوس نشست. پدر دیمی تریوس دستانش را جلو آورد. دستان او به شانه های مسیح رسید. چهره ی پدر کمی مضطرب شد. او به آرامی دستانش را بالا تر برد تا به صورت مسیح رسید و صورت مسیح را لمس کرد. مسیح مهربانانه با دستش دست پدر را لمس کرد. ناگهان چهره ی پدر تغییر کرد. بله، او مسیح را شناخته بود. به همین دلیل هیجان زده و خوشحال گفت:

- مَ ... مسیح؟!...

مسیح ساکت بود و مهربانانه به پدر دیمی تریوس نگاه می کرد. پدر دیمی تریوس خودش را در جلوی مسیح به حالت سجده بر زمین انداخت. اما مسیح شانه های پدر دیمی تریوس را گرفت و او را بلند کرد. در همان حالی که مسیح شانه های پدر دیمی تریوس را گرفته بود، او با بغض و فروتنی گفت:

- ما ... خیلی وقته که منتظرتون هستیم ... مردم این جا بودند ... جسی پیام شما رو به مردم رسوند ... اما ... اونها نفهمیدند ... شاید هم ... نمی خواستند بفهمند ... مردم عصبانی بودند ... فکر می کردند که ما دروغ می گیم ... من سعی کردم جلو شونو بگیرم، اما اونها همه چیز رو ...

بغض گلوی پدر را گرفت و دیگر نتوانست به حرفش ادامه بدهد و به گریه افتاد. مسیح نگاهی به اطراف انداخت و متوجه پیشخوان شد. او به آرامی برخاست و به سوی پیشخوان به راه افتاد. اما هنوز چند قدم برنداشته بود که صدای پدر دیمی تریوس او را از رفتن باز داشت. پدر با گریه گفت:

- من ... من، سعی کردم راه شما رو ... پیدا کنم ... اما نمی دونم تونستم، یا؟ ...

گریه به پدر اجازه نداد که جمله اش را کامل کند. مسیح مهربانانه به او گفت:

- بله ... تو راه درست را پیدا کردی، دیمی تریوس.

چهره ی پدر با شنیدن این حرف مسیح، تغییر کرد. با اینکه گریه می کرد ولی راضی و خشنود به نظر می آمد. مسیح به سوی پیشخوان آمد. در جلوی میز صلیب طلایی، جسی به پشت بر روی زمین افتاده

بود و به سختی نفس می کشید. چشمان او بسته بود و کمی خون هم از کنار لبش پایین آمده بود. بر روی چهره و اندامش آثار جراحات زیادی دیده می شد. او نیمه جان و زخمی بود و دیگر آن تکه پارچه ی لباس مسیح، بر سرش دیده نمی شد. مسیح به آرامی کنار جسی نشست و مهربانانه به او نگاه کرد. جسی به سختی چشمانش را باز کرد و مسیح را دید. آثار خوشحالی در چهره ی او نمایان شد، سعی کرد که برخیزد، اما شدت جراحات و درد به او اجازه ندادند که تکان بخورد. در همان حالی که به سختی نفس می کشید با درد گفت:

- شما!؟ ...

مسیح با مهربانی سرش را به علامت مثبت تکان داد. جسی با ناتوانی و بریده بریده گفت:

- شُ ... شما ... درست ... می گفتید ... مردم منتظر شما نبودند ...

جسی به سرفه افتاد، بعد از چند سرفه، خون بیشتری از کنار لبش بیرون زد و نتوانست به حرفش ادامه بدهد. مسیح مهربانانه گفت:

- می دونم ... می دونم ... نمی خواد چیزی بگی.

جسی بی رمق و بی حال بود ولی مشتاقانه به مسیح نگاه می کرد. مسیح برخاست و ایستاد و گفت:

- باید بریم ... بلند شو، جسی.

جسی درحالیکه سرش را به علامت منفی تکان می داد، با ناتوانی و درماندگی گفت:

- نمی ... تونم ...

مسیح دستش را به سمت جسی دراز کرد و گفت:

- من کمکت می کنم.

درد و ناتوانی در چهره ی جسی به چشم می خورد. با این حال به سختی و به آرامی دستش را بالا آورد تا به دست مسیح رسید و آن را گرفت. او از این که توانسته بود دست مسیح را بگیرد، راضی به نظر می آمد. مسیح مهربانانه گفت:

- تو می تونی جسی.

جسی به آرامی و به کمک مسیح از جایش برخاست و ایستاد. در چهره ی او دیگر اثری از درد و ناراحتی و جراحت، دیده نمی شد. او با خوشحالی به مسیح نگاه می کرد. مسیح به همراه جسی به سوی درب کلیسا به راه افتادند.

پدر دیمی تریوس با همان حالت قبلی به دیوار تکیه داده و بی هوش بود که جسی و مسیح از جلوی او عبور کردند و رفتند. او مسیح را در خواب دیده بود. ناگهان پدر دیمی تریوس به هوش آمد و از خواب پرید. او هیجان زده سرش را به اطراف می چرخاند و با صدای بلند می گفت:

- اون ... اون با من حرف زد ... مسیح ... اون اومد ... مسیح اومد ...

بعد از چند لحظه پدر دیمی تریوس سعی کرد، برخیزد. اما نه می توانست ببیند و نه توان بلند شدن را داشت. به همین خاطر خودش را بر روی زمین می کشید و به صورت سینه خیز به طرف پیشخوان کلیسا جلو می رفت. زیرا آخرین بار صدای جسی را از آن طرف شنیده بود. پدر دیمی تریوس نیمکت ها و صندلی های شکسته را کنار میزد و سینه خیز خودش را جلو می کشید و مرتب می گفت:

- جسی ... جسی مسیح اومد ... جسی من هم مسیح رو دیدم ...

اما جسی به همان حالت قبلی زیر صلیب طلایی افتاده بود. او دیگر حرکتی نداشت و نفس نمی کشید. چشمانش باز مانده و خیره به بالا نگاه می کرد. در واقع جسی به آرزویش رسیده بود و حالا روحش به همراه مسیح در آسمان ها پرواز می کرد. پدر دیمی تریوس با تقلای فراوان، سینه خیز خودش را به نزدیکی جسی رساند. او با دستانش زمین را جستجو می کرد و مرتب جسی را صدا می زد. بالاخره دستان پدر به شانه ی جسی خورد و او را پیدا کرد. پدر خودش را بالای سر جسی رساند و نشست. او شانه ی جسی را تکان داد و با خوشحالی و هیجان گفت:

- جسی ... می شنوی؟ ... من هم لیاقت پیدا کردم و بالاخره مسیح رو دیدم ...

پدر دیمی تریوس متوجه شد که جسی تکان نمی خورد و جواب نمی دهد. او با نگرانی جسی را تکان داد و چند بار دیگر او را صدا زد، اما فایده ای نداشت. پدر با نگرانی و اضطراب سر جسی را بلند کرد و ملتمسانه گفت:

- بلند شو دخترم ... خواهش می کنم ... بلند شو ...

کم کم پدر فهمید که تلاشش بی فایده است و جسی به خواب ابدی فرو رفته و دیگر بیدار نخواهد شد. او ناامیدانه سر جسی را بر روی زانو هایش گذاشت و درحالیکه اشک از چشمان نابینایش سرازیر بود به آرامی دستش را بر صورت جسی کشید. چشمان جسی را بست و گفت:

- برو ... برو دخترم ... برو ... میدونم که ... حالا با کسی که دوستش داری هستی ... پس برو ... برو که در اینجا ... و در میون این مردم، جایی برای تو نیست ... پس برو ...

❊❊❊

در یک روز زیبا و در منطقه ای بیابانی و لم یزرع که تا چشم کار می کرد فقط ماسه بود و خاک، مسیح نشسته بود و چند گل سفید را در زمین می کاشت. او خاک اطراف گل ها را با دستانش فشار داد و درحالیکه به گلها نگاه می کرد با مهربانی لبخندی زد و برخاست. سپس نگاهی به اطراف انداخت و به آرامی به راه افتاد و رفت.

مسیح می رفت ولی رد پایش بر روی ماسه های نرم بیابان به جا می ماند. بعد از چند دقیقه پدر دیمی تریوس درحالیکه عصای سفید نابینایان را در دست داشت، به همان نقطه نزدیک شد. او نوک عصا را به زمین می زد و جلو می آمد. تقریباً یک متر مانده به گل های سفید ایستاد. با اینکه نمی دید ولی انگار چیزی را احساس کرده بود. او سرش را به اطراف می چرخاند و بو می کشید. سپس به آرامی نشست و با دستانش روی زمین را جستجو کرد. به نظر می آمد که به دنبال چیزی می گشت. بعد از چند لحظه دستانش به گل های سفید نزدیک شد و با احتیاط گل ها را لمس کرد.

بعد از لمس گل ها ناگهان چهره ی پدر تغییر کرد. او هیجان زده و خوشحال به نظر می آمد. آرام برخاست، عصای سفیدش را تا زده و آن را در جیبش گذاشت. او با خوشحالی با خودش گفت:

- درسته که چشمام نمی بینه ... ولی حالا می تونم چیز دیگه ای رو ببینم.

پدر دیمی تریوس با خوشحالی به راه افتاد و به همان سمتی رفت که مسیح رفته بود. او بدون این که ببیند، در همان مسیر مسیح حرکت می کرد و پایش را دقیقاً در جای پاهای مسیح که بر ماسه های بیابان مانده بود، می گذاشت و می رفت.

به این ترتیب پدر به آرزویش رسیده بود و در راه مسیح قدم برمی داشت و حالا می توانست ادعا کند که واقعاً **«مسیح را دوست دارد. »**

❋❋❋

اما آیا ما هم می توانیم روزی راه مسیح را یافته و پا بر جای پای مسیح بگذاریم؟

می پرسید: چگونه؟!

در هر حال جواب با وجدان شماست و من به عنوان یک دوست فقط می توانم آرزو کنم که روزی همه ی ما با رفتارهایمان بتوانیم ادعا کنیم، **« که واقعاً مسیح را دوست داریم. »**

www.ingramcontent.com/pod-product-compliance
Lightning Source LLC
Chambersburg PA
CBHW061640040426
42446CB00010B/1512
9781939123534